Aus dem Nähkästchen

Aus dem Nähkästchen

Liebevolle Geschenke selber machen

Catherine Woram

Jan Thorbecke Verlag

VERLAGSGRUPPE PATMOS

PATMOS
ESCHBACH
GRÜNEWALD
THORBECKE
SCHWABEN

Die Verlagsgruppe
mit Sinn für das Leben

Aus dem Englischen von Tanja Koser

www.thorbecke.de

Umschlaggestaltung: Finken & Bumiller, Stuttgart
Gedruckt in China
ISBN 978-3-7995-0737-0

Inhalt

Einleitung

Ein selbstgebasteltes Geschenk ist immer etwas Besonderes und zeigt, dass Sie für seine Herstellung weder Zeit noch Mühe gescheut haben. Und natürlich können selbstgebastelte Geschenke – im Gegensatz zu gekauften – ganz dem aktuellen Anlass bzw. der Persönlichkeit des Beschenkten angepasst werden, sodass Sie immer das perfekte Präsent zur Hand haben. In diesem Buch finden Sie über 35 einzigartige Geschenkideen zum Selbermachen für Taufen, Hochzeiten und Verlobungen. Darüber hinaus gibt es diverse Bastelanleitungen für selbstgemachte Weihnachts-, Oster- und Valentinsgeschenke sowie wundervolle Geschenkideen für Neugeborene und Kinder. Überreichen Sie Ihrem neuen Nachbarn doch einmal eine selbstgebastelte Grußkarte, oder stellen Sie aus alten Landkarten einfache, aber hübsche Glasuntersetzer sowie einen dazu passenden Bilderrahmen her.
Die in diesem Buch vorgestellten Bastelideen decken eine breite Palette unterschiedlicher Kunstfertigkeiten ab, von Näharbeiten wie Stickereien, Patchwork- und Perlenarbeiten über Mal-, Schablonier- und Decoupagearbeiten bis hin zu Backrezepten. Jedes Projekt wird dabei von anschaulichen Schritt-für-Schritt-Anleitungen begleitet, und natürlich erhalten Sie auch immer nützliche Tipps für ein optimales Gelingen. Außerdem finden Sie sämtliche Vorlagen, die Sie benötigen, am Ende dieses Buches.
Die einfacheren Projekte, wie beispielsweise die hübschen Woll-Pompons oder der Decoupage-Bilderrahmen, können auch problemlos von Kindern gebastelt werden, denn gerade Kinder lieben es, mit verschiedenen Materialien und Techniken umzugehen und schöne Geschenke für Freunde und Familienmitglieder zu gestalten. Sämtliche Bastelideen in diesem Buch sind einfach umzusetzen und zu verstehen, und ich hoffe, Sie werden Ihnen dabei behilflich sein, Ihre eigenen mit Liebe gebastelten Geschenke herzustellen. Als krönenden Abschluss Ihrer Werke finden Sie am Ende dieses Buches eine Seite mit selbsthaftenden Geschenketiketten, mit denen Sie Ihre Arbeiten nach dem Einwickeln in Geschenkpapier verzieren bzw. beschriften können.

Kapitel 1

Geschenke zu saisonalen Festen

Von leckeren herzförmigen Valentinskeksen bis hin zu traditionellen Weihnachtsstrümpfen – dieses Kapitel liefert eine Vielzahl von Ideen für saisonale Geschenke aus Stoff, Farbe und Papier. Stellen Sie mit Hilfe alter Zeitungen eine formschöne, mit Papierblumen verzierte Decoupageschale (Seite 12) her, basteln Sie aus farbenprächtigem Filz lustige Eierwärmer für ein gelungenes Osterfrühstück (Seite 14) oder bereiten Sie duftende Orangen-Nelken-Pomander zu, welche Sie anschließend an hübschen roten Samtbändern aufhängen können (Seite 22).

Valentins-kekse

Diese köstlichen herzförmigen Kekse werden mit farbigem Zuckerguss und einer dekorativen Zierschleife geschmückt. Als Geschenk zum Valentinstag einfach die fertigen Kekse in Zellophan wickeln und den Beutel mit einem passenden Band verschließen.

Sie benötigen:

6 EL ungesalzene Butter

½ Tasse extrafeiner Zucker

1 großes Ei

1 ½ Tassen Allzweckmehl

½ TL Backpulver

½ TL Salz

Strohhalm

fertiger Zuckerguss aus der Tube sowie Zuckergussblumen

Schleife

scharfe Schere

Zellophanbeutel

1 Die Butter mit dem Zucker in einer Schüssel cremig aufschlagen und anschließend das Ei unterrühren. Das Mehl, das Backpulver und das Salz sieben und unter den Teig heben. Den Teig zu einer Kugel formen, in Frischhaltefolie wickeln und für 1 Stunde in den Kühlschrank legen. Eine glatte Arbeitsfläche mit etwas Mehl bestäuben, den Teig etwa 6 mm dick ausrollen und anschließend mit Hilfe eines Plätzchenausstechers Herzen daraus ausstechen (Teigmenge ergibt ca. 25 Plätzchen).

2 Vor dem Backen mit Hilfe eines Strohhalmes in die obere Hälfte eines jeden Plätzchens mittig ein Loch bohren. Anschließend ein flaches Backblech einfetten und die Plätzchen gleichmäßig darauf verteilen. Im Backofen bei 180 °C 10–12 Minuten backen – je dünner die Plätzchen ausgerollt wurden, desto kürzer ist die Backzeit.

3 Sobald die Kekse goldgelb sind, aus dem Ofen nehmen und auf einem Kuchengitter vollständig erkalten lassen. Mit Hilfe von weißem und rotem Fertigzuckerguss die Keksränder mit kleinen Tupfen verzieren.

4 Einen kleinen Klecks Zuckerguss in die Mitte eines jeden Herzens geben, eine Zuckergussblume darauflegen und gut antrocknen lassen. Anschließend für jeden Keks ein 20 cm langes Band abschneiden und durch das zuvor ausgestanzte Loch fädeln. Das Band zu einer Schleife binden und die Enden mit Hilfe einer Schere schräg abschneiden, damit das Band nicht ausfranst.

Tipp

Diese Kekse können Sie auch zu Ostern zubereiten, indem Sie zum Ausstechen des Teiges einfach einen eiförmigen Ausstecher verwenden. Hängen Sie die Kekse anschließend an Bändern an weißgetünchten Zweigen als essbare Dekoration auf.

Osterschale mit Blumen

Diese hübsche Schale wird aus mehreren übereinanderliegenden Schichten Pappmaché hergestellt und ist ein passendes Geschenk für unzählige Gelegenheiten – in unserem Beispiel ist sie mit bunten Schokoladen-Ostereiern gefüllt. Dekorative Papierblumen und kleine Knöpfe dienen als Verzierung. Eine interessante Bastelarbeit auch für Kinder.

Sie benötigen

- eine Schale oder einen tiefen Teller als Form
- Frischhaltefolie
- Zeitungen
- Weißleim
- 1 breiter Pinsel für den Leim
- weiße Grundierung
- Pinsel
- grüne Farbe
- Heißklebepistole
- Papierblumen
- kleine Knöpfe

1 Die Form mit der Unterseite nach oben auf eine ebene Fläche legen und auf der Außenseite mit einer Schicht Frischhaltefolie überziehen. Die Folie dabei nach innen unter den Rand einschlagen. Die Zeitung in Streifen von ca. 2,5 cm x 5 cm Länge reißen.

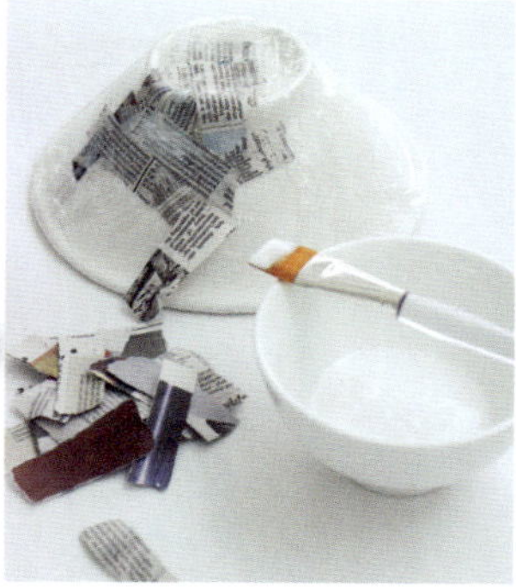

2 2–3 Zeitungsstreifen auf die umgedrehte Schale legen und die Streifen mit einer Schicht Weißleim auf die Form kleben. Auf diese Weise fortfahren, bis die gesamte Schale vollständig mit Papier bedeckt ist. Für eine stabile Schale benötigen Sie ca. 8–10 Schichten Zeitungspapier.

3 Das Pappmaché mitsamt der Form an einem trockenen, warmen Ort trocknen lassen. Die Schale dabei keinesfalls auf einen Heizkörper oder eine andere Wärmequelle stellen, da die Papierschale durch die Hitzeeinwirkung später brechen könnte. Das Trocknen wird aller Voraussicht nach 1 Tag in Anspruch nehmen. Ist das Pappmaché trocken, vorsichtig von der Form lösen und die Frischhaltefolie abziehen.

4 Das Pappmaché mit der weißen Grundierung bestreichen und diese gut antrocknen lassen. Anschließend die Schale mit der grünen Farbe bemalen und alles nochmals gründlich trocknen lassen. Zur besseren Farbabdeckung die Schale bei Bedarf mit einem zweiten grünen Anstrich versehen. Mit Hilfe der Heißklebepistole die Papierblumen entlang des inneren Randes der Schale anbringen und in der Mitte einer jeden Blume einen kleinen Knopf aufkleben.

Tipp

Eine etwas feinere Variante der Osterschale erhalten Sie, wenn Sie anstelle des Zeitungspapiers Seidenpapier verwenden. Das Seidenpapier wird zwar in Verbindung mit Weißleim hart, behält nach dem Trocknen jedoch trotzdem seine schöne, leicht schimmernde Optik bei.

Eierwärmer aus Filz

Diese farbenfrohen Eierwärmer mit den „Hasenohren“ sind ein schönes Ostergeschenk und werden aus farbigem Filz hergestellt, welcher mit umlaufenden Applikationsstichen in Kontrastfarbe und ein paar lustigen Filzblumen verziert wird.

Sie benötigen

- Papier und Bleistift zum Abpausen der Vorlagen
- Schere
- Stecknadeln
- pro Eierwärmer ein 10 cm x 10 cm großes Stück Filz
- kontrastfarbiges Stickgarn
- Nähnadel
- 3D-Stoffmalfarbe
- Textilkleber
- Filzblumen zum Verzieren

1 Die Eierwärmer-Vorlage von Seite 119 auf Papier pausen und ausschneiden. Die Vorlage mit Hilfe von Stecknadeln auf ein Filzquadrat stecken und pro Eierwärmer 2 Filzformen ausschneiden. Die beiden Filzformen zusammenheften und auf einer Seite beginnend im Applikationsstich zusammennähen, dabei an der gewellten Basis des Eierwärmers beginnen und bis zum Sockel der „Ohren“ arbeiten.

2 Bei den Ohren angekommen, diese ringsum im Applikationsstich umsäumen. Dabei die beiden Filzformen einzeln umketteln, sodass die Ohren voneinander getrennt sind. Sind beide Ohren komplett umkettelt, im Applikationsstich die andere Längsseite des Eierwärmers schließen. Dabei wie auf der anderen Längsseite auch beide Filzformen zusammennähen.

3 Mit 3D-Textilfarbe einen kleinen Tupfer Farbe in die Mitte eines jeden Bogens entlang des gewellten unteren Filzrandes geben. Die Farbe dabei zunächst nur auf einer Seite des Eierwärmers auftragen und anschließend trocknen lassen (dies kann bis zu 1 Stunde dauern). Ist die Farbe vollständig getrocknet, auf der anderen Seite des Eierwärmers ebenso verfahren.

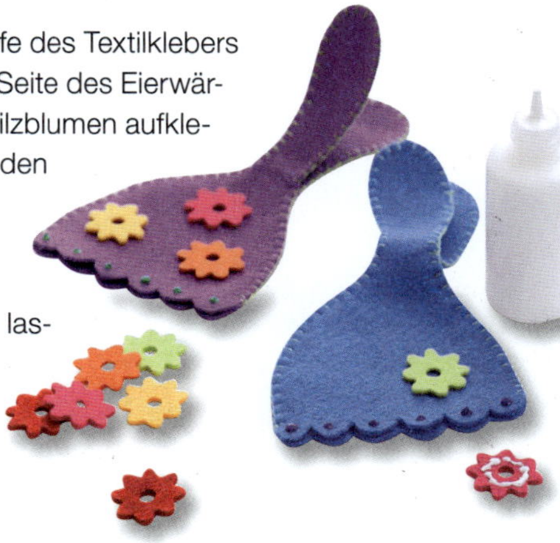

4 Mit Hilfe des Textilklebers auf jede Seite des Eierwärmers 3 Filzblumen aufkleben und den Kleber vollständig trocknen lassen.

Tipp

In Verbindung mit einem Eierbecher und einem Schokoladen-Osterei ergeben diese fröhlichen Eierwärmer ein hübsches Ostergeschenk. Verpacken Sie sämtliche Teile dekorativ in einen Zellophanbeutel.

Bunte Ostereier

Diese einfach bemalten Eier werden mit ausgeschnittenen Buchstaben aus Zeitungen und Zeitschriften verziert. Am besten kommen sie in einer mit Papierbuchstaben beklebten Pappmaché-Schale zur Geltung.

Sie benötigen

- braune Eier bzw. Plastikeier zum Bemalen
- Nadel
- weiße Grundierung
- Pinsel
- eine Auswahl bunter Farben
- einen Esslöffel (zum Halten der Eier)
- mehrere Zeitungsbögen
- Schere
- Kleber
- Acryllack auf Wasserbasis (optional)

1 Frische Eier auf der Ober- und Unterseite mit einer spitzen Nadel einstechen und ausblasen. Anschließend jedes Ei gründlich waschen, grundieren und die Grundierung gut trocknen lassen.

2 Die Eier mit Hilfe eines mitteldicken Pinsels verschiedenfarbig bemalen und die Farben anschließend vollständig trocknen lassen. Bei Bedarf eine zweite Farbschicht auftragen, um die Farbabdeckung zu verbessern. Das Anmalen geht übrigens leichter, wenn Sie das Ei während des Farbauftragens auf einen Löffel legen, damit es nicht wegrollen kann.

3 Aus Zeitungen mit Hilfe einer Schere Buchstaben in verschiedenen Größen und Farben ausschneiden. Die verwendeten Buchstaben sollten jedoch nicht größer als 2,5 cm x 2,5 cm sein, da sie sich sonst nicht glatt an die Rundungen des Eies anschmiegen können und beim Ankleben eventuell knittern.

4 Die Rückseite der Buchstabenquadrate mit einer Schicht Kleber bestreichen und jedes Ei mit einem Buchstaben bekleben. Sobald die Buchstaben fest an den Eiern haften, können Sie die Eier mit durchsichtigem Acryllack bestreichen, wenn Sie möchten. Dies schützt sowohl die Farbe als auch die Zeitungsbuchstaben und macht sie widerstandsfähiger.

Tipp

Richten Sie die Eier doch einmal dekorativ in einer Schale aus Pappmaché an (hierfür einfach den Anleitungen auf Seite 12 folgen). Die Schale dabei ebenfalls mit aufgeklebten Zeitungsbuchstaben verzieren, damit sie stilistisch zu den Eiern passt.

Weihnachts-strumpf

Dieser mit hübschen Knöpfen und Stickereien verzierte Weihnachtsstrumpf im ländlichen Stil wird garantiert zu einem Familienerbstück werden! Der Strumpf eignet sich außerdem hervorragend als Weihnachtsgeschenk. Noch schöner wirkt er natürlich, wenn Sie ihn mit persönlichen Initialen oder einer Datumsangabe versehen, denn dadurch wird er zu etwas Besonderem.

Sie benötigen

- Schere
- ein 50 cm x 137 cm großes Stück hellbraunes Leinen
- ein 20 cm x 137 cm großes Stück cremefarbenes Leinen
- Stoffkreide
- dunkelrotes Stickgarn mit passender Nadel
- 32 Perlmuttknöpfe in verschiedenen Größen
- Nähmaschine oder Nadel und Faden
- ein 50 cm langes besticktes Band

1 Die Strumpfvorlage von Seite 126 und die Manschettenvorlage von Seite 117 auf Papier pausen und beide Vorlagen ausschneiden. Sowohl den hellbraunen Stoff für den Strumpf als auch den cremefarbenen Stoff für die Manschette mittig falten, sodass der Stoff doppelt zu liegen kommt, und die beiden Vorlagen mit Stecknadeln auf den entsprechenden Stoff pinnen. Anschließend 2 Strumpfteile aus dem hellbraunen Leinen sowie 2 Manschettenteile aus dem cremefarbenen Leinen ausschneiden.

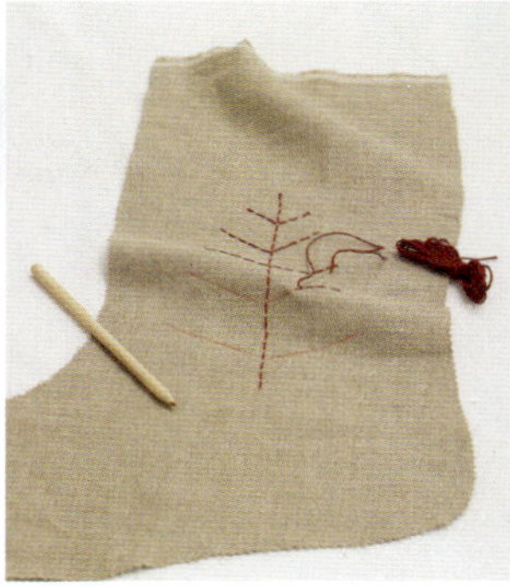

2 Das Weihnachtsbaummotiv von Seite 117 mit Hilfe der Stoffkreide auf eines der beiden Strumpfteile pausen. Die Stickarbeit in einfachen Steppstichen ausführen, dabei mit drei 6-fädigen Stickgarnen zugleich arbeiten. Solange sticken, bis der gesamte Baum aufgestickt ist.

3 Sowohl an den Spitzen der Äste als auch am unteren Ende des Baumstammes mit Stickgarn verschieden große Knöpfe annähen. Dabei jeden Knopf mit 2–3 Stichen fixieren. Die beiden Manschettenstoffteile rechts auf rechts legen und die zwei Seitennähte schließen. Anschließend die Nähte flachdrücken und die Manschette auf rechts drehen.

4 Die Ober- und Unterkante der Manschette jeweils ca. 2,5 cm weit nach innen einschlagen und fest andrücken. Das Band etwa 2,5 cm vom unteren Rand der Manschette entfernt annähen und dabei durch beide Stoffteile steppen. Anschließend zwischen Band und unterem Rand der Manschette im Abstand von ca. 12 mm Knötchenstiche anbringen. Die Knötchenstiche mit Stickgarn arbeiten und ebenfalls durch beide Stoffteile sticken.

THE GLASS OF FASHION
MILLS & BOON

5 Die restlichen Perlmuttknöpfe mit Hilfe des Stickgarnes ca. 5 cm vom Falz entfernt entlang der oberen Kante der Manschette annähen. Dabei darauf achten, die Knöpfe nur auf einer Stoffschicht anzunähen. Die Knöpfe sollten ca. 2 cm Abstand voneinander haben.

6 Die beiden hellbraunen Strumpfteile rechts auf rechts legen und an den Nahtlinien – mit Ausnahme der Schnittkante der Öffnung – ordentlich vernähen. Überstehende Stoffteile an den abgerundeten Kanten kürzen und einkerben. Anschließend den Strumpf auf rechts drehen und in die Manschette schieben, sodass die Öffnung des Strumpfes im gefalzten oberen Teil der Manschette zu liegen kommt.

7 Die Manschette mit Hilfe von Stecknadeln an die Öffnung des Strumpfes heften, dabei die obere Schnittkante des Strumpfes an die nach innen eingeschlagene Falzkante der Manschette führen. Die Manschette im Überwendlingsstich per Hand mit Nadel und Faden an die Innenseite des Strumpfes annähen.

8 Vom Band ein ca. 6,5 cm langes Stück abschneiden, mittig falten und die beiden Enden ca. 6 mm vom oberen Rand der Manschette entfernt im Überwendlingsstich an der inneren hinteren Strumpfnaht annähen, sodass Sie eine Schleife zum Aufhängen erhalten.

Variante

Sie können für den Weihnachtsstrumpf auch bunte Farben verwenden – zum Beispiel roten und hellgrünen Stoff in Kombination mit bunten Plastikknöpfen. Das perfekte Weihnachtsgeschenk für Kinder! Darüber hinaus können Sie den Strumpf auch individuell gestalten, indem Sie beispielsweise einen bestimmten Namen oder Initialen auf die Manschette sticken.

Orangen-Nelken-Pomander

Sie benötigen

Stift

1 große Orange

Ahle

Gewürznelken

ein 60 cm x 12 mm langes Stück Samtband

Schere

Stecknadeln

Kleber oder Heißklebepistole

Mit Gewürznelken gespickte Orangen-Pomander sind eine beliebte Tradition zu Weihnachten. Mit ihrem süßen würzigen Duft sind sie außerdem hervorragend als Weihnachtsgeschenk geeignet.

1 Mit dem Stift die geplante Position des Samtbandes auf der Orange vorzeichnen – das Band soll später in Form eines Kreuzes in rechten Winkeln um die Orange gewickelt werden. Anschließend mit Hilfe der Ahle in die vier Viertel zwischen den vorgezeichneten Bandlinien Löcher in die Orangenschale pieksen.

2 Am leichtesten geht die Arbeit vonstatten, wenn Sie ein Viertel nach dem anderen durchlöchern. Sind die Löcher gebohrt, die spitzen Enden der Gewürznelken in die Löcher stecken. Die Köpfe der Nelken sind manchmal recht zerbrechlich, deshalb die Nelken möglichst vorsichtig in die Orange stecken, damit sie dabei nicht kaputtgehen. Stecken Sie so viele Nelken in die vier Viertel der Schale, bis die Orange ringsum mit Nelken übersät ist.

Tipp

Pomander machen sich auch sehr hübsch als Christbaumschmuck. Verwenden Sie für diesen speziellen Zweck am besten verschiedenfarbige Samtbänder (rote, grüne, violette etc.) zum Aufhängen der Orange.

3 Ein Stück Samtband um die Orange wickeln und die beiden Enden des Bandes auf der Unterseite der Orange mit Hilfe einer Stecknadel fixieren. Anschließend ein zweites Stück Band um die Orange wickeln und die beiden Enden auf der Oberseite der Orange zusammenführen, dabei das Band zu einer ca. 5 cm großen Schlaufe formen. Das Band mit Hilfe einer Stecknadel auf der Orangenschale feststecken (eventuell noch mit einem kleinen Klecks Klebstoff fixieren).

4 Aus Samtband eine kleine Schleife binden und am unteren Ende der Aufhängeschlaufe mit Hilfe von Kleber bzw. Heißkleber befestigen.

Kandierte Orangen-schalen

Sie benötigen

4 große Bio-Orangen
Schneidebrett
scharfes Messer
1 l Wasser
275 g extrafeiner Zucker
Topf
Backpapier
300 g hochwertige Zartbitterschokolade
Schüssel
1,5 m Baumwollband im Vichy-Karo-Stil
Schere

Diese köstlichen schokolierten Orangenschalen sind kinderleicht zu machen und sehen besonders hübsch aus, wenn sie in einer weißen Geschenkschachtel präsentiert werden. Die Kombination aus Zitrus- und Schokoladengeschmack macht sie außerdem zu einer perfekten Nascherei nach dem Essen.

1 Die Orangen vierteln, schälen und mit Hilfe eines scharfen Messers so viel wie möglich von der weißen Zitrushaut entfernen. Dabei aber darauf achten, die Schale der Orangen nicht zu beschädigen. Anschließend die Schalen mit einem scharfen Messer in ca. 12 mm breite Streifen schneiden und auf das Schneidebrett legen.

2 Das Wasser mit dem Zucker in den Topf geben, die Mischung zum Kochen bringen und 5 Minuten kochen lassen. Die Orangenschalenstreifen zur Zucker-Wasser-Lösung geben und etwa 2 Stunden sachte darin köcheln lassen. Am Ende der Kochzeit sollte die Flüssigkeit im Topf merklich eingedickt sein. Den Topf vom Herd nehmen, die Mischung auskühlen lassen und die Orangenschalenstreifen abgießen. Auf Backpapier auskühlen lassen.

3 Die Schokolade klein brechen und im Wasserbad vorsichtig zum Schmelzen bringen, dabei häufig umrühren. Die Orangenschalenstreifen etwa bis zur Hälfte in die flüssige Schokolade tunken und anschließend zum Auskühlen zurück auf das Backpapier legen.

4 Die schokolierten Orangenschalenstreifen mit Hilfe von Baumwollbändern in Bündeln zu je 3 Streifen zusammenbinden und die Bänder zuknoten. Zum Schluss die Bandenden diagonal abschneiden, damit der Stoff nicht ausfranst.

EUROP
Langara
Loriga
Sumpf
Loldereish
Offene
MEXICO

Kapitel 2

Geschenke zu besonderen Anlässen

In diesem Kapitel finden Sie eine Fülle an Geschenkideen für besondere Anlässe wie Vatertag, Muttertag, Hochzeiten und Verlobungen. Das wunderhübsche, mit Perlen verzierte Fotoalbum von Seite 46 zum Beispiel eignet sich hervorragend als Hochzeitsgeschenk, während die beiden dekorativ bestickten Herzkissen von Seite 38 ein ideales Verlobungs- bzw. Hochzeitstagsgeschenk abgeben. Die Näh- und Bastelarbeiten in diesem Kapitel bedienen sich verschiedenster Gestaltungstechniken, sodass Sie hier neben diversen Stickereien auch auf Perlenflecht-, Decoupage-, Schablonier- und einfache Näharbeiten stoßen werden.

Blumenbrosche aus Perlen

Diese hübsche blumenförmige Brosche stellt ein ideales Muttertagsgeschenk dar. Sie wird aus winzig kleinen, auf feinen Draht aufgefädelten Rocailles-Perlen hergestellt und ist in der Mitte mit einer Perle geschmückt.

Sie benötigen

- 2 Päckchen Rocailles-Glasperlen, je eines in Mauve und eines in Rosa
- 0,6 mm dicken Draht zum Auffädeln der Perlen
- 1 große cremefarbene Perle für die Mitte
- scharfe Schere zum Schneiden des Drahtes
- starker Kleber
- 1 kleine Broschennadel

1 Für das erste Blütenblatt mauvefarbene Rocailles-Perlen auf Draht fädeln. Die beiden Drahtenden nach hinten umbiegen, sodass die Perlen nicht wieder herunterrutschen können. Dabei am Ende ca. 15 cm Draht frei lassen, um die Brosche später bequem fertigstellen zu können. Für ein großes Blütenblatt ca. 50 Perlen auffädeln und die beiden Drahtenden sogleich miteinander verdrehen, um das Blütenblatt sicher zu verschließen. Mit dem nächsten Blütenblatt beginnen. Sobald die ersten Blütenblätter fertiggestellt sind, die Drahtenden mehrmals durch die Mitte der Blume führen und zusammendrehen.

2 Die kleinere rosafarbene Blume auf dieselbe Art und Weise herstellen wie die mauvefarbene, nur statt 50 lediglich 30 Perlen pro Blütenblatt auffädeln. Anschließend die Drahtenden durch die Mitte der Blumen führen und dort mehrfach verdrehen, um die Blütenblätter miteinander zu verbinden.

3 Die kleinere Blume auf die größere legen und beide Blumen mit Hilfe von Draht fest miteinander verbinden. Den Draht dabei mehrfach drehen und biegen und durch die Mitte beider Blumen führen.

4 Die Perle auf einen der Drähte fädeln und den Draht anschließend sowohl über die Mitte der Blume als auch zur Rückseite der Brosche hin führen, um die Perle genau in der Mitte der Blume fixieren zu können. Nun die freistehenden Drahtenden unterhalb der Perle durch Zusammendrehen miteinander verbinden und anschließend auf der Rückseite der Brosche zusammenlaufen lassen. Hier die Enden nochmals umeinander wickeln und überstehende Drahtteile mit einer Schere abschneiden. Zum Schluss die Perlenblume mit starkem Kleber auf die Broschennadel kleben.

Tipp

Auf Draht gefädelte Perlenblumen sind sehr vielseitig und können in vielen verschiedenen Größen und Farben hergestellt werden. So können Sie eine Perlenblume beispielsweise auf die Ecke eines Bilderrahmens oder aber auf eine Karte kleben, die Sie zu einer besonderen Gelegenheit verschicken möchten. Für ein hübsches Armband einfach mehrere kleine Perlenblumen auf ein Samtband nähen.

Stoffherz mit Schmuckstein-anhänger

Jeder romantisch veranlagte Mensch wird dieses dekorative, mit einem Glasstein im Kronleuchter-Design verzierte Stoffherz aus grauem Leinen lieben. Am schönsten sieht es aus, wenn Sie es an einer hübschen Perlenkette aufhängen.

Sie benötigen

- Papier und Bleistift zum Abpausen der Vorlagen
- Schere
- ein 20 cm x 40 cm großes Stück graues Leinen
- Stecknadeln
- Nähgarn, passend zu Stoff und Nadel
- Nähmaschine
- Füllwatte aus Polyester
- starkes Nähgarn
- durchsichtige Perlen
- Glasschmuckstein im Kronleuchter-Design (oder ein vergleichbarer Schmuckstein aus einem Kunst- oder Handwerksladen)

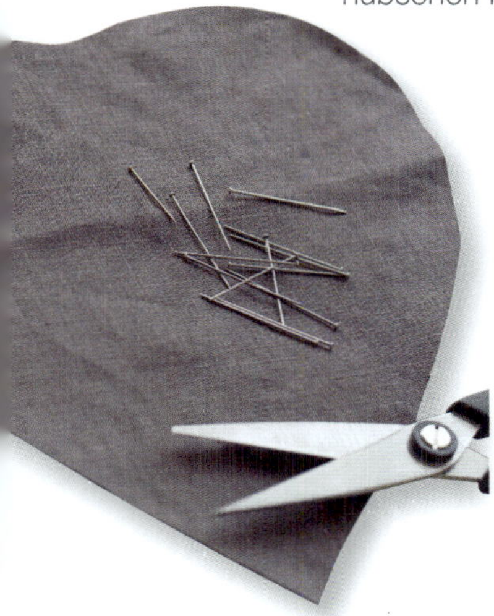

1 Die Herz-Vorlage von Seite 116 auf Papier pausen und ausschneiden. Nun mit Hilfe dieser Vorlage 2 Herzen aus dem grauen Leinenstoff ausschneiden, die beiden Herzen rechts auf rechts legen, mit Stecknadeln fixieren und mit Heftstichen zusammennähen.

2 Mit einer Nähmaschine die Herzform nachsteppen und dabei auf einer der beiden langen Seiten eine Öffnung von ca. 4 cm freilassen. Überschüssige Fäden sowie die Heftstiche entfernen.

3 Die Nahtzugabe entlang der beiden abgerundeten Kanten des Herzens säubern und einkerben, ebenso überschüssigen Stoff an der Spitze des Herzens entfernen. Das Herz auf rechts drehen und mit Hilfe eines Bügeleisens plätten.

Tipp

Zum Füllen des Herzens können Sie auch eine Mischung aus Polyester-Füllwatte und getrockneten Lavendelblüten im Verhältnis 1:1 verwenden. Das fertige Herz dann einfach an einem Türgriff oder im Schlafzimmerschrank aufhängen.

4 Stopfen Sie das Herz durch die Öffnung an der Seite mit Füllwatte aus und drücken Sie das Füllmaterial mit Hilfe der spitzen Enden der Schere gut in die Ecken. Das Herz sollte am Ende fest und prall sein.

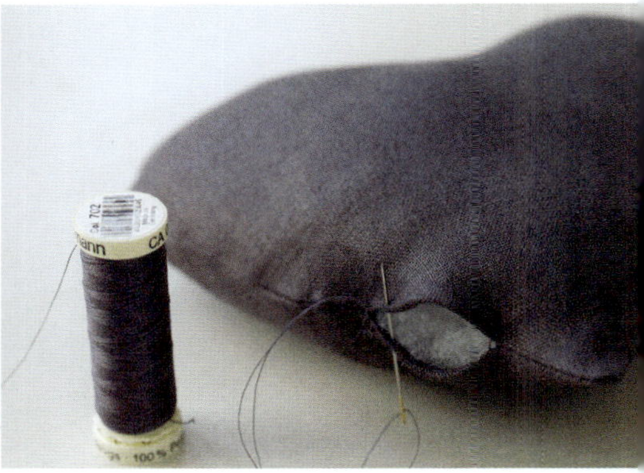

5 Die Öffnung mit farblich passendem Garn mit kleinen Überwendlingsstichen verschließen. Das Zunähen geht übrigens leichter, wenn Sie die Öffnung zuvor mit Stecknadeln zusammenheften.

6 Durch eine Nähnadel ein dickes Nähgarn ziehen (der Faden wird später zu einer Schlinge geknotet) und so viele Perlen auf die Nadel fädeln, bis die Perlenkette eine Länge von ca. 18 cm erreicht hat.

7 Die Nadel mit der daran befindlichen Perlenkette oben mittig durch das Herz stechen. Die Perlen eng zusammenschieben und die Nadel anschließend durch die letzte Perle führen, sodass eine Schlinge zum Aufhängen entsteht. Die Schlinge mit mehreren Stichen fixieren, damit sie später nicht aufgehen kann.

8 Zum Schluss den Schmuckstein mit einem dicken Nähgarn auf die Vorderseite des Herzens nähen.

Vatertags-schürze

Für koch- und grillbegeisterte Väter ist diese mit Radieschen-, Kohlkopf- und Bohnenmotiven lustig bedruckte Schürze genau das Richtige.

Sie benötigen

- Papier und Bleistift zum Abpausen der Vorlagen
- Schere und Stecknadeln
- ein 100 cm x 137 cm großes Stück Baumwollstoff
- Nadel und Faden
- Nähmaschine
- Gemüseschablonen zum Bedrucken sowie einen Schablonierpinsel
- Stoffmalfarbe
- Küchenpapier

1 Die Schürzenvorlage von Seite 126 sowie die Taschenvorlage von Seite 116 auf Papier pausen und ausschneiden. Die Vorlagen anschließend mit Hilfe von Stecknadeln auf den Baumwollstoff pinnen und ausschneiden, ebenso 2 Bauchbänder und 1 Nackenband von je 5 cm x 75 cm Länge zuschneiden. Beim Schürzenteil die Kanten ringsum 12 mm weit nach innen einschlagen, mit Stecknadeln feststecken und die Falzkante zum endgültigen Fixieren mit der Maschine absteppen. Danach die Seiten und den unteren Rand der Tasche 12 mm weit nach innen einschlagen, festheften und ebenfalls mit der Maschine absteppen. Das gleiche Vorgehen auch beim oberen Rand der Tasche anwenden, hier allerdings die Stoffkante vor dem Feststecken und Vernähen nicht 12 mm, sondern 25 mm weit nach innen einschlagen. Zum Schluss das Schürzenteil sowie die Tasche mit Hilfe eines Bügeleisens plätten.

2 Eine der Gemüseschablonen im unteren Teil der Schürze positionieren, den Pinsel in die Farbe tunken und auf einem Küchenpapier eventuell überschüssige Farbe von den Rändern der Schablone abstreifen. Den Innenteil der Schablone vollständig mit Farbe ausmalen (dabei mit dem Pinsel vorsichtig tupfen) und diese danach gut trocknen lassen. Anschließend weitere Gemüsemotive entlang der unteren Kante der Schürze anordnen und ausmalen. Zum Schluss Motive im oberen Teil der Schürze aufmalen.

Tipp

Für ein feminineres Design sind Blumenmotive bzw. Herzen besser geeignet. Mit Hilfe von Knöpfen können Sie die Schürze außerdem mit einem hübschen 3D-Detail aufpeppen.

3 Ein bis dahin noch nicht verwendetes Schablonenmotiv auf die Tasche aufmalen. Die Tasche auf die Schürze pinnen und entlang der beiden Längsseiten und der unteren Kante festheften. Mit der Maschine annähen.

4 Eines der beiden Nackenbänder der Länge nach mittig rechts auf rechts falten. Die offene Kante schließen und sämtlichen überschüssigen Stoff entfernen. Eine Sicherheitsnadel an einem Ende befestigen und dieses Ende durch den Stoffschlauch ziehen, sodass das Band anschließend auf rechts gedreht werden kann. Ebenso beim zweiten Bauchband und beim Nackenband verfahren. Anschließend bei jedem Band ein Ende nach innen einschlagen und absteppen. Nun die Bänder an der Schürze befestigen.

Decoupage-Bilderrahmen

Wenn Sie einen einfachen Bilderrahmen mit alten Landkarten verzieren, entsteht daraus im Handumdrehen ein hübsches und darüber hinaus ungewöhnliches Geschenk. Auf Seite 84 finden Sie die Anleitung für die dazu passenden Glasuntersetzer.

Sie benötigen

- Landkarten ohne Copyright
- Bleistift und Radiergummi
- Schere
- einfacher Bilderrahmen aus Holz
- Weißleim
- Pinsel
- Acryllack auf Wasserbasis

1 Mit Hilfe der Schere die Landkarte in ca. 2 cm x 2 cm große Quadrate und 3 cm x 2 cm große Rechtecke schneiden. Die ausgeschnittenen Teile auf den Holzbilderrahmen legen, um herauszufinden, wie viele Teile sie ungefähr benötigen werden.

2 Die Rückseite eines Papierteiles mit einer dünnen Schicht Leim bestreichen und in eine Ecke des Bilderrahmens kleben. Der Leim lässt sich übrigens am besten mit einem Pinsel auftragen.

3 Ist das erste Papierteil aufgeklebt, so viele ausgeschnittene Teile auf den Rahmen kleben, bis dieser komplett mit Landkartenausschnitten bedeckt ist. Die einzelnen Teile dabei leicht überlappen lassen.

4 Sind alle Papierteile aufgeklebt, den Leim vollständig trocknen lassen. Zum Schluss mit Hilfe eines Pinsels eine dünne Schicht Acryllack auf sämtliche Papierteile auftragen.

Tipp

Sie können den Bilderrahmen auch mit klein geschnittenen Tapeten- oder Geschenkpapierstückchen verzieren.

GULF OF MEXICO
MERIDA
MAYAPAN
IZAMAL
CHICHEN ITZA
UXMAL
KABAH
LABNA
CHAKANPUTUN
BAKHALAL
YUCATAN
CAMPECHE
TABASCO
PALENQUE
PIEDRAS NEGRAS
YAXCHILAN
TZENDALES
TIKAL
NARANJO
BRITISH HONDURAS
SEIBAL
QUEN SANTO
CHIAPAS
GUATEMALA
QUIRIGUA
HONDURAS
COPAN
SAN SALVADOR
PACIFIC OCEAN

Mono-grammierte Kissen

Diese herzförmigen Kissen stellen das perfekte Verlobungs- bzw. Hochzeitsgeschenk dar. Sie werden mit Samtbändern, Filzblumen und selbstverständlich mit den Initialen des glücklichen Paares verziert.

Sie benötigen

- Papier und Bleistift zum Abpausen der Vorlagen
- Schere/Zickzackschere
- ein 40 cm x 137 cm großes Stück cremefarbenes Leinen
- Stoffmalstift
- Stickgarn und Nadel
- kleine Filzblumen
- Nadel und Faden
- Nadel mit großer Öffnung (für das Band)
- kleine blaue Perlen
- dünnes Samtband in verschiedenen Farben
- Nähmaschine
- herzförmige Kissenfüllung oder Füllwatte zum Ausstopfen

1 Die Herzvorlagen von Seite 118 und 119 auf Papier pausen und ausschneiden. Die Vorlagen auf den Stoff pinnen und mit der Schere eine Herzvorder- sowie 2 Herzrückseiten ausschneiden. Eine Zickzackschere ist hier von Vorteil, denn sie verhindert, dass die Kanten später ausfransen. Anschließend mit Hilfe des Stoffmalstiftes den von Ihnen gewünschten Buchstaben auf die Vorderseite des Kissens aufmalen.

2 Den aufgezeichneten Buchstaben im Kettenstich ausarbeiten und dafür drei 6-fädige Stickgarne in der Farbe Ihrer Wahl zugleich verwenden. Sind Sie mit dem Aufsticken fertig, das Stoffteil rückseitig mit einem heißen Bügeleisen plätten.

3 Die Filzblumen per Hand auf die Vorderseite des Kissens nähen (dabei das Foto auf der gegenüberliegenden Seite als Orientierungshilfe für die jeweiligen Positionen der Blumen verwenden). Das hier gezeigte Kissen wurde mit insgesamt 5 Filzblumen bestickt, aber natürlich können Sie je nach persönlicher Vorliebe auch mehr oder weniger Blumen verwenden.

Tipp

Anstelle eines Herzkissens können Sie auch ein kleines quadratisches Kissen verwenden und auf dieses den kompletten Namen des Brautpaares bzw. das Hochzeitsdatum aufsticken.

4 Sind die Filzblumen aufgestickt, mit Nadel und Faden eine kleine blaue Perle per Hand in die Mitte einer jeden Blume nähen. Die Perle dabei mit mehreren Stichen fixieren und die Fäden auf der Rückseite des Stoffes vernähen.

5 Eine Nadel mit breiter Öffnung zur Hand nehmen und ein Stück Samtband vorsichtig durch die Öffnung fädeln. Dabei darauf achten, dass das Band möglichst nicht verdreht wird. Anschließend zwischen den einzelnen Blütenblättern der Filzblumen je einen Kettenstich ausführen und während des Nähens darauf achten, dass das Samtband möglichst flach auf dem Stoff zu liegen kommt. Die Blätter der Blumen mit grünem Samtband aufnähen (dabei das Foto auf der vorherigen Seite als Orientierungshilfe für deren Positionierung verwenden).

6 Die beiden Rückenteile des Kissens rechts auf rechts legen und zusammenheften. Mit der Maschine die Mittelnaht von der unteren Herzspitze an gerechnet ca. 5 cm weit nach oben schließen, und von der oberen Herzspitze an gerechnet ebenfalls 5 cm weit nach unten schließen (die Mitte der Naht bleibt also offen). Die Naht anschließend flachdrücken und dabei darauf achten, dass beide Stoffteile beim Flachdrücken auf derselben Seite liegen.

7 Die Vorderseite des Kissens rechts auf rechts auf die Kissenrückseite legen und beide Teile zusammenheften. Mit Hilfe der Maschine zusammennähen und die Heftstiche entfernen. Die Nahtzugabe entlang der abgerundeten Kanten kürzen, einkerben und sämtliche überschüssigen Stoffreste entfernen. Das Herz auf rechts drehen.

8 Zum Schluss die Kissenfüllung in die Kissenhülle schieben. Die noch teilweise offene Mittelnaht auf der Kissenrückseite per Hand schließen, oder mehrere Bänder links und rechts der Mittelnaht auf die Kissenrückseite aufnähen, die Bänder zu hübschen Schleifen binden und damit die offene Naht zusammenbinden.

Picknickkorb und -decke

Wollen Sie ein Geschenk herstellen, das das ganze Jahr über Verwendung findet, dann kleiden Sie doch einmal einen ganz gewöhnlichen Flechtkorb mit einem hübschen Stoff aus, und schon halten Sie einen dekorativen Picknickkorb in Händen.

Sie benötigen

- Papier und Bleistift
- Schere
- ein 100 cm x 137 cm großes Stück bedruckter Stoff
- Flechtkorb
- 2 m Baumwollband im Vichy-Karo-Stil
- Nadel und Faden
- Nähmaschine
- 2 Druckknöpfe
- 2 Knöpfe (12 mm ø)

Auskleiden des Picknickkorbes

1 Die Vorlage für die Innentasche von Seite 120 auf Papier pausen und ausschneiden. Anschließend die Papiervorlage auf den Stoff heften und das Motiv aus dem Stoff schneiden. Den Korb auf den Stoff stellen und die Form des Korbbodens mit einem Stift auf dem Stoff nachfahren, dabei ringsum zusätzlich 2 cm für die Nahtzugabe rechnen. Für die umlaufende Korbauskleidung sowohl Umfang als auch Höhe des Korbes abmessen und zu beiden Zahlen jeweils 3 cm für die Nahtzugabe hinzuzählen. Den Korbboden sowie die umlaufende Korbauskleidung ausschneiden.

2 Die obere Stoffkante 15 mm weit einschlagen. Das Baumwollband entlang dieser Kante feststecken und das Band an der oberen und an der unteren Kante auf den Stoff nähen. Bei der Innentasche sämtliche Kanten 15 mm weit nach innen einschlagen. Mit Hilfe von Heftstichen ein ca. 27 cm langes Stück Baumwollband entlang der oberen Falzkante der Tasche befestigen und auf den Taschenstoff aufnähen. Ca. 5 cm vom oberen Rand des Korbes die Tasche mit Heftstichen an die Korbauskleidung stecken und annähen. Dabei die obere Kante der Tasche offen lassen. Zum Schluss sämtliche Heftstiche entfernen.

3 Jeweils eine Hälfte der beiden Druckknöpfe auf die Innenseite der Innentasche nähen, direkt an die obere Kante, jeweils ca. 5 cm von den Taschenenden entfernt. Anschließend die Gegenstücke der Druckknöpfe an die umlaufende Korbauskleidung annähen, und zwar so positioniert, dass diese beim Schließen auf die Druckknopfhälften der Tascheninnenseite treffen. Nun noch 2 kleine Knöpfe auf das karierte Baumwollband nähen, um die Stellen, an denen die Druckknöpfe an die Tasche genäht wurden, zu verdecken.

4 Die Korbauskleidung mittig falten, den Stoff rechts auf rechts legen und die Seitennaht schließen. Dabei darauf achten, dass die angenähten Karobänder am oberen Rand passgenau aufeinandertreffen. Die Korbauskleidung rechts auf rechts mit dem Stoffteil für den Korbboden vernähen. Den Stoff in kleine Falten legen, damit die Seitenauskleidung optimal der Form des Bodenstoffteils angepasst werden kann. Die Nahtzugaben an den abgerundeten Kanten kürzen, einkerben und die Korbauskleidung per Hand an die innere obere Kante des Korbes annähen.

Picknickdecke

Diese gemütliche Picknickdecke wird aus einem extra großen Stück Fleece hergestellt und mit einer Bordüre aus Stoff umfasst. Der Stoff der Bordüre sollte dabei identisch mit dem Stoff der Korbauskleidung sein.

Sie benötigen

ein 150 cm x 150 m großes Stück Fleece

Schere

ein 70 cm x 137 cm großes Stück bedruckter Stoff, identisch mit dem der Picknickkorbauskleidung

Nadel und Faden

Nähmaschine

1 Mit der Schere die vier Ecken des Fleeces abrunden. Dadurch wird das exakte Annähen der umlaufenden Stoffbordüre später wesentlich erleichtert.

2 Die Schnittkante des Baumwollstoffes auf die Webkante falten, sodass eine Dreiecksform entsteht, mit deren Hilfe die exakte Diagonallinie ermittelt werden kann. Anschließend für die umlaufende Stoffbordüre 5 cm breite Streifen parallel zu dieser Diagonalen aus dem Stoff schneiden. Dabei genügend Stoffstreifen abschneiden, um später alle vier Seiten der Fleecedecke einfassen zu können. Zum Schluss so viele Stoffstreifen (rechts auf rechts) mit der Maschine zusammennähen, bis die erforderliche Länge erreicht ist.

3 Die Bordüre der Länge nach mittig falten und den Stoff entlang der Falzkante flachdrücken. Den oberen und den unteren Rand der Bordüre jeweils 10 mm weit nach innen einschlagen und den Stoff entlang der Falzkanten flachdrücken. Die Stoffbordüre mit Heftstichen entlang des Deckensaumes feststecken und darauf achten, dass die vier abgerundeten Ecken der Decke von der gefalteten Bordüre möglichst exakt umschlossen werden.

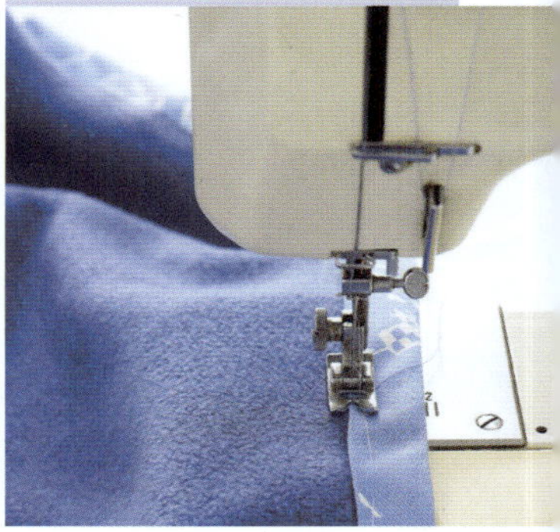

4 Ist die Bordüre ringsum mit Heftstichen am Fleecestoff befestigt, die beiden Schnittkanten der Bordüre nach innen einschlagen und mit Heftstichen fixieren. Anschließend einen mittelgroßen Zickzackstich wählen und die Bordüre mit Hilfe der Maschine ringsum an der Fleecedecke annähen. Zum Schluss sämtliche Heftstiche entfernen.

Tipp

Sollten Stoffreste übrig bleiben, so können Sie damit zum Beispiel Badehandtücher einfassen. Auch sieht es hübsch aus, wenn Sie einige der auf dem Stoff aufgedruckten Motive ausschneiden und als kleine Applikationen auf die Decke aufnähen.

Perlenbesticktes Fotoalbum

Wenn Sie ein ganz gewöhnliches Fotoalbum in reine Seide wickeln und anschließend mit einem hübschen Perlenband verzieren, haben Sie im Handumdrehen ein wunderhübsches Hochzeitsgeschenk zur Hand, welches das glückliche Paar anschließend mit seinen ganz persönlichen Hochzeitsfotos schmücken kann.

Sie benötigen

- ein ca. 20 cm x 30 cm großes Fotoalbum
- ein 30 cm x 75 cm großes Stück grauer Seidenstoff
- Schere
- ein 70 cm langes perlenbesticktes Band
- Stecknadeln
- dünne Nadel mit Faden
- Nähmaschine
- silberfarbene Stiftperlen
- starker Stoffkleber
- 2 DIN A4-Blätter
- ein 40 cm langes Stück Ripsband

1 Das Album flach auf dem ausgebreiteten Stoff aufklappen. Anschließend den Bezug für das Album aus dem Stoff ausschneiden und dabei an jeder Seite 5 cm Stoffzugabe hinzuzählen. Den ausgeschnittenen Stoffbezug der Länge nach vor sich ausbreiten und das perlenbestickte Band mit Heftstichen genau in der Mitte zwischen oberer und unterer Stoffkante feststecken. Anschließend das Perlenband entlang beider Kanten mit Hilfe der Maschine auf den Stoff aufnähen und eventuell lose Fadenenden mit der Schere kürzen. Zum Schluss sämtliche Heftstiche entfernen.

2 Die Rückseite des Seidenstoffes vorsichtig mit einem heißen Bügeleisen plätten und die silbernen Stiftperlen per Hand entlang beider Kanten des Perlenbandes aufnähen.

3 Den Buchrücken auf die (gedachte) Mittellinie des Stoffes legen und von der unteren Stoffkante kleine Schnitte nach oben zur linken und rechten Seite des Buchrückens führen. Ebenso von der oberen Stoffkante kleine Schnitte nach unten führen.

4 Auf die ausgeschnittenen schmalen Stoffstreifen je einen Tropfen Kleber geben, in die Öffnung des Buchrückens schieben und dort andrücken (dies geht am besten, wenn Sie zum Andrücken die Enden einer Schere oder die Spitze eines Bleistifts zur Hilfe nehmen). Anschließend den Kleber vollständig trocknen lassen.

5 Das Album flach ausbreiten und die Stoffecken am oberen bzw. unteren Buchrückenende nach innen zu einem kleinen Dreieck falten. Mit einem Tropfen Kleber am darunterliegenden Stoff ankleben. Anschließend den Kleber vollständig trocknen lassen.

6 Das Album so aufstellen, dass sowohl der Buchrücken als auch die vordere Umschlagseite flach auf dem Stoff aufliegen. Anschließend den überstehenden Stoff an der oberen Kante der vorderen Umschlagseite nach innen falten und festkleben. An der unteren Kante sowie an der Ober- und Unterkante der hinteren Umschlagseite ebenso verfahren.

7 An den äußeren Ecken des Albums den Stoff ebenfalls nach innen zu einem kleinen Dreieck falten, die Falzkanten flachdrücken und den Seidenstoff anschließend über die Albumkante nach innen auf die Umschlagseite falten. Dort ankleben.

8 Die beiden Papierbögen der Größe der Umschlagseiten anpassen. Hierfür die 3 äußeren Kanten der Papiere um jeweils 10 mm kürzen, sodass die Papiere etwas kleiner sind als die Umschlagseiten. Anschließend das Ripsband in 2 Hälften schneiden und eines davon an der Stelle, an der das Perlenband aufgenäht ist, auf die vordere Umschlagseite kleben. Das andere Band an entsprechender Stelle auf die hintere Umschlagseite kleben. Zum Schluss die zugeschnittenen Papierbögen auf die beiden Umschlagseiten des Albums kleben.

Variante

Schlagen Sie das Fotoalbum sowie eine dazu passende Geschenkschatulle in reine weiße Seide ein und erschaffen Sie so ein wirklich einzigartiges Hochzeits- bzw. Jahrestagsgeschenk. Falls Sie seidene Stoffreste vom Brautkleid auftreiben können, umso besser, dann können Sie das Album und die Schatulle in diesem speziellen Stoff gestalten.

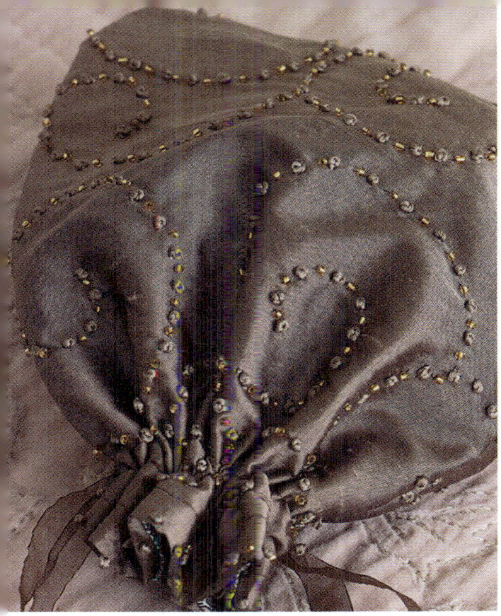

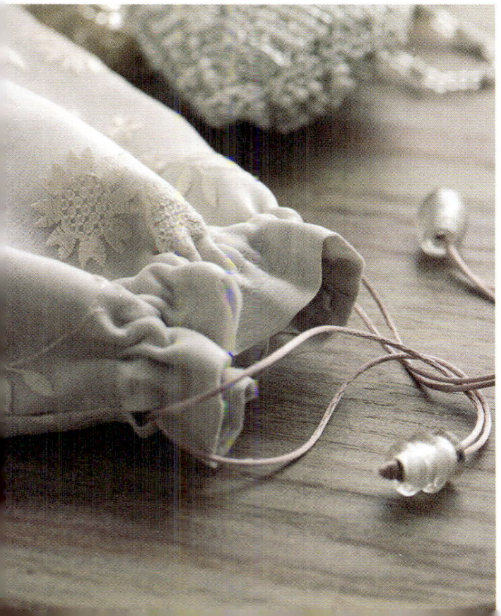

Kapitel 3
Geschenke für Frauen

Erschaffen Sie tolle Geschenke für Freundinnen und liebe Verwandte, so zum Beispiel ein wunderschönes Armband aus Glasperlen und dekorativen Schmuckknöpfen, einzigartige perlenverzierte Glaswindlampen sowie Lavendelherzen aus traditionell besticktem Stoff. Das aus weißer Seide hergestellte, perlenbestickte Handtäschchen mit den Organza-Bändern zum Zuziehen dürfte das ideale Geschenk für eine zukünftige Braut sein. Auch finden sich in diesem Kapitel viele interessante Geschenkideen für verschiedene Anlässe wie Weihnachten, Geburtstag oder Muttertag.

Lavendel-herzen

Hier werden mit traditionellen Mustern bestickte Tischdecken und Servietten als duftende, mit Lavendel gefüllte Herzen zu neuem Leben erweckt. Wenn Sie die Herzen anschließend noch mit farblich passenden Schleifen verzieren, erhalten Sie im Handumdrehen ein einzigartiges Geschenk.

Sie benötigen

- Papier und Bleistift zum Abpausen der Vorlage
- Stecknadeln
- mit traditionellen Mustern bestickte Stoffreste (Tischdecken, Servietten etc.)
- ein 15 cm x 15 cm großes Stück geblümter Stoff für die Rückseite des Lavendelherzens
- Nadel und Faden
- Nähmaschine
- Löffel
- getrockneter Lavendel
- ein 15 cm langes und 15 mm breites Band

1 Die Herzvorlage von Seite 121 auf Papier pausen und ausschneiden. Die Papiervorlage auf den bestickten Stoff legen, feststecken und dabei darauf achten, dass das Herz möglichst mittig auf einem Stickmotiv zu liegen kommt. Anschließend ein Herz aus dem bestickten Stoff für die Vorderseite sowie ein Herz aus dem geblümten Stoff für die Rückseite des Herzens ausschneiden.

2 Die beiden Herzseiten rechts auf rechts legen, mit Heftstichen zusammenstecken und anschließend entweder mit der Maschine oder per Hand zusammennähen. Dabei am oberen Rand des Herzens eine ca. 3 cm breite Öffnung freilassen, um das Herz später füllen zu können. Anschließend die Nahtzugaben entlang der abgerundeten Kanten kürzen und einkerben und sämtliche Heftstiche entfernen.

3 Das Herz auf rechts drehen und flachdrücken. Mit Hilfe eines Löffels so viel von dem getrockneten Lavendel in das Herz einfüllen, bis es sich prall und fest anfühlt.

4 Die Öffnung am oberen Ende des Herzens per Hand zunähen. Anschließend das Band zu einer Schleife binden und die Enden mit der Schere abschrägen, damit sie später nicht ausfransen. Zum Schluss die Schleife oben ans Herz nähen.

Tipp

Bestickte Tischdecken und Servietten finden Sie in Gebrauchtwarenläden und auf Flohmärkten. Häufig sind die entsprechenden Stoffe mit wundervollen dekorativen Stickereien verziert.

Freundschafts-armband

Dieses hübsche Armband ist denkbar einfach zu machen, denn es besteht lediglich aus dekorativen Schmuckknöpfen und glitzernden Glasperlen, die auf eine dünne Schnur aufgefädelt werden. Das ideale Geschenk für eine liebe Freundin.

Sie benötigen

9 dekorative Schmuckknöpfe mit 2 Löchern (ca. 12 mm im Durchmesser)

eine 30 cm lange dünne Schnur oder ein Band

11 kleine Glasperlen

Schere

1 Einen der Schmuckknöpfe zur Hand nehmen und ein Ende der Schnur von hinten nach vorne durch eines der beiden Knopflöcher fädeln.

2 Eine der Glasperlen auf die Schnur fädeln und das andere Ende der Schnur durch das zweite Knopfloch führen, sodass beide Schnurenden auf der Rückseite des Knopfes zusammentreffen. Anschließend die Schnur geradeziehen, sodass die Glasperle möglichst flach aufliegt.

3 Nun sämtliche Knöpfe und Perlen in der beschriebenen Weise auf die Schnur fädeln, bis alle 9 Knöpfe aufgefädelt sind. Die Knöpfe dabei leicht überlappend anordnen, sodass sie fast flach in einer Reihe liegen.

4 Eine Glasperle ca. 10 cm vom ersten Knopf entfernt auf ein Ende der Schnur fädeln und das Schnurende anschließend zuknoten. Mit einer Schere das überstehende Ende auf etwa 1 cm (nach dem Knoten) kürzen. Mit dem anderen Schnurende ebenso verfahren.

Tipp

Sehen Sie sich doch einmal bei verschiedenen Gebrauchtwarenläden nach hübschen Schmuckknöpfen um. Außerdem ist es meist auch kein Problem, interessante Knöpfe von einer Kette oder einem Stück Stoff zu entfernen und erneut zu verwenden.

RENCH ROSE
Bathing Salts

Rosenkorb

Was wäre wohl besser als Aufbewahrungsbox für diverse Rosenduft-Toilettenartikel geeignet als dieser ovale, rosafarben bemalte und mit Rosenblüten und Gänseblümchen hübsch verzierte Korb? Mit einigen frischen Blumen können Sie dem Ganzen noch einen zusätzlichen Hauch von Luxus verleihen.

Sie benötigen

- einen ovalen geflochtenen Korb
- weiße Grundierung
- Pinsel
- rosa Farbe
- ein ca. 50 cm langes Stück starker Draht
- Heißklebepistole
- ein 50 cm langes Gänseblümchenband
- ein 1 m langes Band mit weißem Schleifen- oder Blumenmuster
- Bastelkleber
- ca. 30 kleine rosafarbene Rosenblüten aus Stoff
- Seidenpapier
- einige ausgewählte Toilettenartikel mit Rosenduft
- einige frische Rosen

1 Den Korb grundieren und die Grundierung trocknen lassen. Anschließend die Grundierung mit rosa Farbe überstreichen und die Farbe vollständig trocknen lassen. Für eine bessere Abdeckung eventuell eine zweite Schicht Farbe auftragen.

2 Den Draht zu einem Henkel formen, an den schmalen Seiten des Korbes befestigen und mit einem Tropfen Kleber aus der Heißklebepistole fixieren. Anschließend mit Hilfe der Heißklebepistole das Gänseblümchenband entlang des Drahthenkels aufkleben. Dabei immer nur einen Henkelabschnitt nach dem anderen bearbeiten, damit der Kleber nicht vorzeitig trocken wird.

3 Das weiße Blumen- bzw. Schleifenband mit Hilfe der Heißklebepistole auf dem Rand des Korbes festkleben. Wie beim Henkel immer nur einen Abschnitt nach dem anderen fertigstellen, da sonst die Gefahr besteht, dass der Kleber zu schnell trocknet.

4 Mit Bastelkleber die Stoff-Rosenblüten auf das weiße Zierband kleben und zwischen den einzelnen Blüten je ca. 3 cm Abstand lassen. Die Blüten gut auf dem Band festdrücken. Zum Schluss den Korb mit Seidenpapier auskleiden und mit den Toilettenartikeln und einigen frischen Rosenblüten dekorieren.

Tipp

Nähabteilungen größerer Kaufhäuser können wahre Fundgruben sein, wenn es darum geht, hübsche Deko-Artikel und Bänder für eine alternative Korbgestaltung ausfindig zu machen.

Glaswindlichter

Diese glitzernden Glaswindlichter sind so schnell gemacht, dass Sie gleich ein ganzes Set davon herstellen sollten. Ordnen Sie die fertigen Gläser anschließend entweder in einer Reihe an oder stellen Sie einige davon im Kreis auf – ein hübscher Überraschungseffekt für eine abendliche Gartenparty.

Sie benötigen

- Glasbecher oder Votivglas
- starker durchsichtiger Kleber
- Pinsel
- durchsichtige oder silberfarbene Rocailles-Perlen sowie Stiftperlen
- Pappteller
- ein 30 cm langes und 3 mm breites dekoratives Band
- Schere

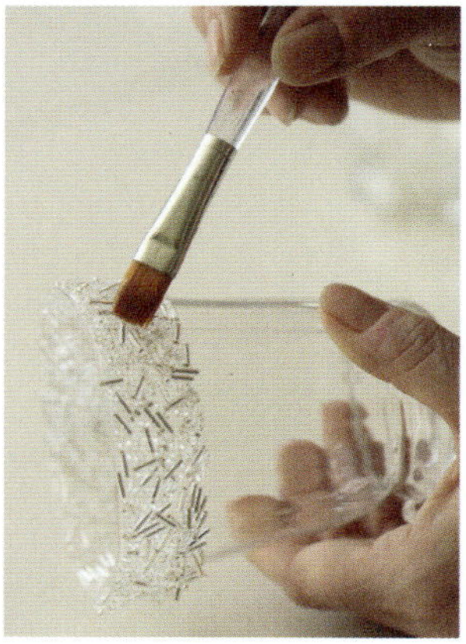

1 Den oberen Rand des Glases ca. 2 cm breit mit Kleber bestreichen. Das geht am einfachsten, wenn Sie in Abschnitten von jeweils ca. 5 cm arbeiten.

2 Die Perlen auf dem Pappteller mischen und den mit Kleber bestrichenen Rand des Glases vorsichtig, aber mit leichtem Druck in den Perlen rollen, sodass diese am Klebstoff hängen bleiben. So lange damit fortfahren, bis der gesamte Rand des Glases gleichmäßig mit Perlen bedeckt ist. Den Kleber anschließend gut trocknen lassen.

3 Sobald der Kleber trocken ist, mit einem Pinsel eine weitere Schicht Kleber auf die Perlen auftragen, um diese zu fixieren. Den Kleber wiederum vollständig trocknen lassen.

4 Das Band um den unteren Rand des Glases führen und zu einer kleinen Schleife binden. Mit Hilfe der Schere die Enden des Bandes schräg abschneiden, um ein Ausfransen des Stoffes zu verhindern.

Tipp

Für eine gelungene Dekoration Ihrer Festtafel stellen Sie am besten gleich drei oder vier vier stilistisch einheitliche Windlichter her und geben Sie in jedes ein parfümiertes Teelicht.

GARDEN JOUR AL

Geschenkkorb für Hobby-Gärtnerinnen

Sie benötigen

1 hölzerner Korb
Pinsel
weiße Grundierung
braune und rosa Farbe
Malerkreppband
Schablone mit floralem Muster
Schablonierpinsel
wasserfester Holzlack
2 Töpfe aus Terrakotta
verschiedene dekorative Gartenutensilien

Jede passionierte Gärtnerin wird von diesem hübschen Geschenkkorb begeistert sein. Es handelt sich dabei um einen hölzernen Korb, in dem eine Menge nützlicher Gartenutensilien verstaut sind. Sowohl der Korb als auch die beiden darin enthaltenen Töpfe sind mit einem hübschen Muster aus Blumen und Ranken verziert.

1 Den gesamten Korb inklusive der Unterseite mit der weißen Grundierfarbe bestreichen und diese anschließend vollständig trocknen lassen. Falls nötig, eine zweite Schicht Grundierung zur besseren Farbabdeckung auftragen.

2 Den Griff sowie die Außenseiten des Korbes braun anstreichen und die Farbe trocknen lassen. Für eine möglichst akkurate Trennungslinie zwischen weißer Grundierung und brauner Farbe empfiehlt es sich, die oberen Kanten des Korbes beim Bemalen mit Kreppband abzukleben.

3 Die Innenseiten des Korbes rosa anstreichen und die Farbe wiederum vollständig trocknen lassen. Sollte die Farbe schwach deckend bzw. leicht durchscheinend sein, ist es sinnvoll, einen zweiten Farbanstrich aufzutragen, um so eine höhere Deckkraft zu erreichen.

4 Die Schablone flach auf eine der beiden Längsseiten des Korbes legen und die Schablone dabei an allen vier Ecken mit Kreppband fixieren, um ein Verrutschen zu verhindern. Mit Hilfe des Schablonierpinsels in vorsichtigen Tupfbewegungen rosa Farbe auftragen und gut trocknen lassen. Anschließend den Korb ringsum mit dem Schablonenmotiv verzieren und mit 2 nacheinander aufgetragenen Schichten Lack versiegeln, um die Bemalung wasserfest zu machen.

Tipp

Eine Auswahl an traditionellen Holzkörben bzw. -trögen findet man meist in Gartencentern, Bastelläden oder bei diversen Internetanbietern (s. „Nützliche Adressen“ auf Seite 127).

5 Die Außenseiten sowie die obere Hälfte der Innenseiten beider Terrakottatöpfe mit weißer Grundierung bestreichen und die Farbe anschließend vollständig trocknen lassen.

6 Einen der beiden Töpfe auf der Außenseite rosa bemalen und den oberen Rand dabei aussparen, sodass dieser später in der Kontrastfarbe gestaltet werden kann. Die Farbe wiederum vollständig trocknen lassen.

7 Den oberen Rand des Topfes in der Kontrastfarbe anstreichen und die Farbe gut trocknen lassen. Anschließend mit derselben Farbe wie für den Rand die obere Hälfte der Topfinnenseite bestreichen. Beim zweiten Topf farblich genau umgekehrt verfahren, sodass Sie am Ende zwei farblich kontrastierende Töpfe erhalten.

8 Die Schablone außen auf einen der beiden Töpfe legen und an den Ecken mit Kreppband fixieren. Das Muster der Schablone mit Hilfe des Schablonierpinsels mit Kontrastfarbe ausmalen und die Farbe vollständig trocknen lassen. Die Schablone vorsichtig abziehen und beim zweiten Topf genauso verfahren. Zum Schluss die beiden Töpfe sowie die übrigen Gartenutensilien im Korb hübsch arrangieren.

Variante

Für ein vergleichbares Geschenk für jemanden ohne Garten einfach mehrere identische Töpfe bemalen, mit hübschen Blumen bepflanzen und die Töpfe in einer Reihe aufstellen. Natürlich können Sie die Töpfe auch mit den Namen verschiedener Kräuter beschriften (am besten geht dies mit Hilfe des Schablonierpinsels) und anschließend mit den entsprechenden Kräutern bepflanzen. Eine Zierde für jede Küche.

Frühlings-blumenkorb

Ein mit blühenden Frühlingsblumen bepflanzter Korb ist ein wunderschönes duftendes Geschenk, das sowohl in der Wohnung als auch im Garten äußerst dekorativ aussieht. Sind die Blumen verblüht, können Sie in den Garten umgetopft werden. Auf diese Weise wird man sich jedes Frühjahr erneut an das hübsche Geschenk erinnern.

Sie benötigen

- Korb mit Henkel
- weiße Grundierung
- Pinsel
- grüne Farbe
- wasserfester Lack
- Plastikfolie zum Auslegen des Korbes
- doppelseitiges Klebeband
- ein 1 m langes und 15 mm breites kariertes Baumwollband in Blau und Gelb
- Schere
- Heißklebepistole
- Blumenerde
- Blumenzwiebeln

1 Den Korb mit weißer Grundierung bestreichen und diese vollständig trocknen lassen. Anschließend 1 bis 2 Schichten grüne Farbe auf die Grundierung auftragen und die Farbe ebenfalls gut trocknen lassen. Zum Schluss das Ganze mit einer Schicht Lack überziehen.

2 Die Plastikfolie dem Korbinneren anpassen und dabei ringsum ca. 4 cm Rand überstehen lassen. Den Rand anschließend nach innen schlagen und mit Hilfe von doppelseitigem Klebeband am oberen Rand des Korbes fixieren.

3 Die Baumwollbänder zu Schleifen binden und die Enden schräg abschneiden, damit sie später nicht ausfransen. Anschließend mit Hilfe der Heißklebepistole immer eine blaue und eine gelbe Schleife im Wechsel um den Rand des Korbes herum aufkleben.

4 Den Korb mit Blumenerde füllen und die Blumenzwiebeln einpflanzen. Die Zwischenräume zwischen den einzelnen Zwiebeln nochmals mit Blumenerde auffüllen und alles gut festdrücken, damit die Blumenzwiebeln senkrecht nach oben stehen und nicht umkippen. Sparsam gießen.

Tipp

Manche Blumensorten, wie beispielsweise die auf dem gegenüberliegenden Foto abgebildeten Hyazinthen, haben hochwachsende Stängel, die sich unter der Last der Blumenköpfe biegen können. Solche Pflanzen sollten daher mit kurzen, dünnen Pflanzstöckchen aus Holz gestützt werden.

Handtäschchen

Dieses zierliche Täschchen ist mit winzigen Rocailles-Perlen geschmückt und darüber hinaus innen mit Seidenstoff gefüttert.

Sie benötigen

- Papier und Bleistift zum Abpausen der Vorlagen
- Schere
- Stecknadeln
- ein 20 cm x 50 cm großes Stück Stoff
- ein 20 cm x 50 cm großes Stück Futterstoff
- goldfarbene Rocailles-Perlen
- Nadel und Faden
- Nähmaschine
- ein 80 cm langes und 10 mm breites Organza-Band zum Zuziehen
- 1 Sicherheitsnadel
- 2 große Glasperlen
- Kleber

1 Die Taschenvorlage von Seite 120 auf Papier pausen und ausschneiden. Anschließend die Papiervorlage mit Stecknadeln nacheinander auf die beiden Stoffe heften und jeweils 2 Taschenvorlagen aus beiden Stoffen ausschneiden.

2 Die Rocailles-Perlen dem jeweiligen Stoffmuster folgend auf den Außenstoff aufnähen. Wir verwenden in unserem Beispiel einen bestickten Stoff. Wenn Sie allerdings einen bedruckten Stoff verwenden sollten, dann nähen Sie die Perlen einfach um die Motive herum auf. Bei dem anderen Außenstoffteil ebenso verfahren.

3 Die beiden Außenstoffteile rechts auf rechts legen, mit Heftstichen fixieren und dabei sowohl den oberen Rand des Säckchens als auch eine jeweils 15 mm breite Öffnung entlang beider Seiten (ca. 4,5 cm vom oberen Rand entfernt) freilassen. Den Futterstoff ebenso vernähen, jedoch ohne seitliche Öffnungen. Anschließend mit der Maschine sowohl die Kanten des Außensäckchens als auch die Kanten des Innensäckchens absteppen und sämtliche Heftstiche entfernen.

4 Die Nahtzugaben entlang der gerundeten Kanten kürzen und einkerben. Die Außenhülle auf rechts drehen und die abgesteppten Nähte vorsichtig flachdrücken.

Tipp

Fragen Sie doch in Näh- und Stoffläden nach dekorativen Stoffresten, denn diese sind in der Regel reduziert und aufgrund ihrer kleinen Maße ideal für ein Handtäschchen wie dieses geeignet.

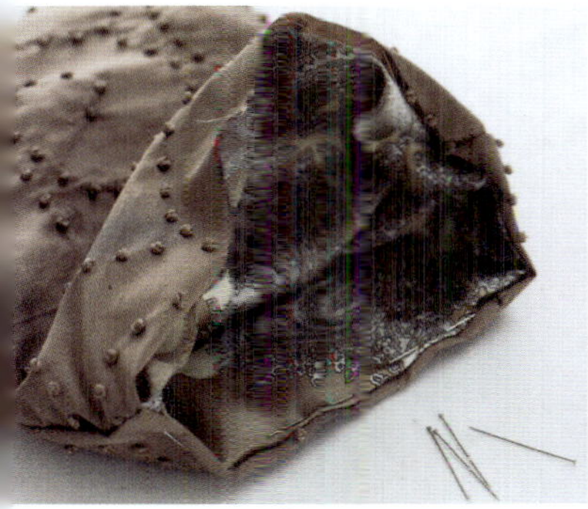

5 Der Futterstoff in die Außenhülle einführen und die Schnittkanten der Außenhülle 10 mm weit nach innen einschlagen. Anschließend den Futterstoff mit Heftstichen an der Öffnung der Außenhülle befestigen.

6 Ca. 10 mm von der oberen Kante abwärts die Öffnung des Täschchens mit der Maschine ringsum absteppen und das Täschchen mit einem warmen Bügeleisen plätten. Die Heftstiche dabei entfernen. Anschließend nochmals in zwei Reihen um das Täschchen herum steppen, die eine 2 cm und die andere 3 cm vom oberen Rand entfernt. Beide Nahtlinien sollten übrigens passgenau auf die links und rechts freigelassenen Öffnungen der Seitennähte (siehe Schritt 3) treffen, denn sie bilden die obere bzw. untere Begrenzung für das Zuziehband, welches später durch die Öffnungen eingeführt wird.

7 Das Band in 2 Hälften schneiden. Anschließend eines davon an einer Sicherheitsnadel befestigen und so das Band auf einer Taschenseite zur einen Öffnung hinein und zur anderen wieder hinaus führen. Das zweite Band auf dieselbe Weise durch die Öffnungen der anderen Taschenseite ziehen.

8 Auf einer Seite des Täschchens die beiden Bandenden durch eine große Glasperle fädeln und miteinander verknoten. Die Bandenden anschließend mit Hilfe der Schere kürzen und den Knoten hinter der Glasperle mit einem Tropfen Kleber fixieren. Mit den Bandenden auf der anderen Seite des Täschchens genauso verfahren.

Variante

Wenn Sie das Täschchen aus einem weißen bzw. cremefarbenen Stoff nähen und mit Kristallperlen besticken, entsteht daraus im Nu ein hübsches Brauthandtäschchen. Sie können aber auch mehrere Täschchen in unterschiedlichen Farben und Stoffen anfertigen, sodass Sie immer ein passendes Accessoire zu Ihrem Kleid griffbereit haben.

Kapitel 4
Geschenke für das Zuhause

In diesem Kapitel finden Sie ausgefallene Geschenkideen zum Selbermachen für zahlreiche Anlässe – etwa, weil Sie ein neues Zuhause gekauft haben oder einfach den Gastgebern nach einem besonderen Fest danken möchten. Die Projekte reichen dabei von einem mit Hilfe von Tortenspitze dekorativ schablonierten Holztablett über traditionelle, in ungewöhnliche Kerzen verwandelte Teetassen bis hin zu hübsch bestickten, mit Perlen und Filzblumen verzierten Kissen. Und natürlich dürfen auch die bunten Stoffwimpel für das Kinderzimmer nicht fehlen. Für die meisten der in diesem Kapitel vorgestellten Projekte eignen sich so gut wie alle Stoffe und Farben. Auf diese Weise können Sie Ihre Werke also immer perfekt dem jeweiligen Geschmack bzw. dem Alter des Beschenkten anpassen.

Grußkarte für neue Nachbarn

Sie benötigen

- Papier und Bleistift zum Abpausen der Vorlage
- Schere
- Blanko-Karte inklusive Umschlag
- ein Stück Schaumstoff oder Styropor
- dicke Nadel
- weicher Radiergummi
- Knopf in Herzform
- Kleber
- ein 15 cm langes und 10 mm breites Stoffband

Bei dieser hübschen Grußkarte wird mit Hilfe einer dicken Nadel einfach ein bestimmtes Lochmuster in eine Blanko-Karte gestanzt – sie eignet sich z. B. für einen Geschenkgutschein eines Baumarkts.

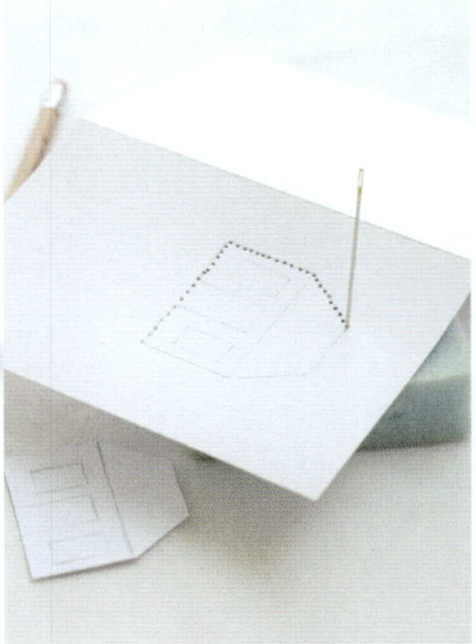

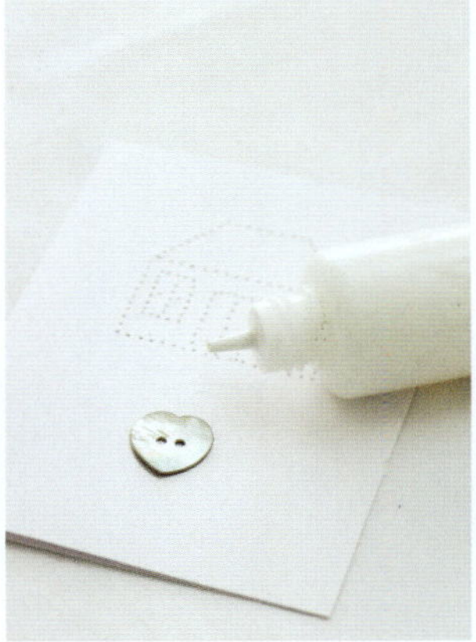

1 Die Haus-Vorlage von Seite 119 auf Papier pausen und ausschneiden. Das Motiv auf die Vorderseite der Karte legen, mit einem weichen Bleistift die Konturen umfahren und anschließend die Fenster und die Tür einzeichnen.

2 Die Karte aufklappen und die Vorderseite über ein Stück Schaumstoff oder Styropor legen. Mit der Nadel entlang der vorgezeichneten Linien Löcher durch die Karte bohren, dabei zwischen den einzelnen Löchern ca. 1–2 mm Abstand lassen.

3 Mit Hilfe des Radiergummis die restlichen Bleistiftlinien ausradieren und den Knopf unterhalb des ausgestanzten Hauses auf die Karte legen. Den Knopf mit einem Tropfen Kleber auf der Karte fixieren und den Kleber anschließend vollständig trocknen lassen.

4 Eine kleine Schleife in das karierte Band knoten und die Enden schräg abschneiden, damit sie nicht ausfransen. Die Schleife oberhalb des Knopfes auf die Karte kleben und den Kleber wiederum vollständig trocknen lassen. Wenn Sie möchten, können Sie auf die Rückseite des Umschlages eine weitere Schleife aufkleben.

Tipp

Für einen besonders dekorativen Effekt einfach ein Stück farbiges Seidenpapier hinter das Lochmotiv kleben.

Stoffwimpel

Schmücken Sie mit diesen hübschen Wimpeln aus kariertem bzw. geblümtem Stoff doch einmal Ihren Garten für eine Party, oder hängen Sie die Wimpel im Kinderzimmer auf. Für die Wimpel eignen sich am besten größere Stoffreste, während für den Patchwork-Teekannenwärmer auf Seite 78 kleine Stoffreste ideal sind.

Sie benötigen

- Papier und Bleistift zum Abpausen der Vorlagen
- Schere
- pro Wimpel ein 15 cm x 20 cm großes Stück Stoff (geblümt oder kariert)
- Stecknadeln
- Zackenschere
- Nähmaschine
- Sicherheitsnadel
- ein 3 mm breites Band, mehrere Meter lang

1 Die Wimpel-Vorlage von Seite 125 auf Papier pausen und ausschneiden. Anschließend die Vorlage nacheinander auf die verschiedenen Stoffstücke heften und die Wimpel aus den Stoffmustern ausschneiden. Dabei eine Zickzackschere benutzen, damit der Stoff nicht ausfranst.

2 Die beiden Seitenkanten eines jeden Wimpels ca. 10 mm weit nach innen auf die linke Seite des Stoffes umschlagen und dort mit Stecknadeln feststecken. Anschließend die umgeschlagenen Kanten flachdrücken und mit Hilfe der Maschine am Stoff annähen.

3 Die gerade obere Kante eines jeden Wimpels 15 mm weit nach innen auf die linke Seite des Stoffes umschlagen, dort feststecken und flachdrücken. Anschließend die umgeschlagenen Stoffkanten der Wimpel mit Hilfe der Maschine annähen und so den Tunnelzug für das Band vorbereiten.

4 Die Sicherheitsnadel an einem Ende des Bandes befestigen und das Band anschließend durch die Tunnelzüge der Wimpel ziehen. Dabei einen Abstand von ca. 4–5 cm zwischen den einzelnen Wimpeln lassen. Wenn Sie möchten, können Sie das durchgezogene Band in der Mitte eines jeden Wimpels mit einem kleinen Stich fixieren, damit die Wimpel auf dem Band nicht verrutschen. An jedem Ende der Wimpel-Girlande 20 cm Band zum Aufhängen stehenlassen.

Tipp

Etwas preisgünstiger und bunter wird die Girlande, wenn Sie statt der Stoffstücke bedrucktes Papier verwenden. Sie können für die Herstellung der Wimpel auch auf weißes Band gefädelte Tortenspitze verwenden. Auf diese Weise können Sie im Handumdrehen eine elegante Dekoration für eine Hochzeit oder eine Taufe kreieren.

Teetassen-Kerzen

Diese Teetassen-Kerzen machen sich sehr hübsch als Tischdekoration auf einer mit traditionellen Tassen und Untertassen festlich gedeckten Kaffeetafel. Wollen Sie Duftkerzen herstellen, dann probieren Sie einfach verschiedene Wachs-Duftstoffe aus.

Sie benötigen

- Kerzendocht
- Endstück aus Metall für den Kerzenboden
- Tasse und Untertasse im traditionellen Stil
- Lineal
- Schere
- Klebestreifen oder Posterstrips
- Lollistiel
- Wachsperlen
- alter Topf

1 Den Docht durch das Loch im Metallstück fädeln und festknoten. Die Tiefe der Tasse ausmessen, ca. 5 cm hinzuzählen und den Docht auf diese Länge zuschneiden.

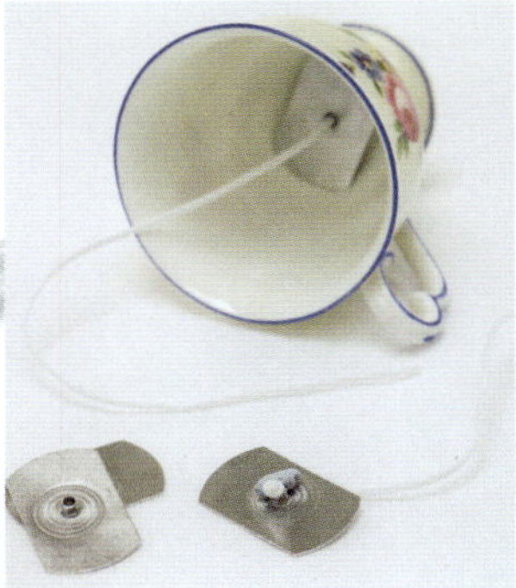

2 Das Metallstück mit einem Stückchen Klebestreifen am Boden der Tasse fixieren und das Ganze gut andrücken.

3 Den überschüssigen Docht vorsichtig um den Lollistiel wickeln, sodass der Docht senkrecht in der Tasse steht. Den Lollistiel dabei auf den Rand der Tasse legen, damit der Docht beim Einfüllen des heißen Wachses in der korrekten Position bleibt. Die Wachsperlen in den Topf geben, auf kleiner Flamme zum Schmelzen bringen und das flüssige Wachs anschließend bis zu einer Höhe von 1 cm unterhalb des Randes in die Tasse gießen.

4 Das Wachs vollständig erkalten und fest werden lassen. Anschließend mit Hilfe der Schere den Docht begradigen, sodass er etwa 2 cm aus dem Wachs herausragt.

Tipp

Sie können auch Kerzenstumpen in einem alten Topf zum Schmelzen bringen und daraus neue Kerzen gießen. Darüber hinaus können Sie dem Wachs während des Schmelzens verschiedene Farb- und Duftstoffe zugeben.

Patchwork-Teekannen-wärmer

Patchworken ist nicht nur ein lustiger Freizeitspaß, sondern auch ideal für das Aufbrauchen von kleineren Stoffresten geeignet. Der hier vorgestellte, fröhlich-bunte Teekannenwärmer wird aus Sechsecken aus rot-weiß gemustertem Stoff hergestellt und ist mit einem dekorativen Rüschenband versehen.

Sie benötigen

- Papier und Bleistift zum Abpausen der Vorlagen
- Schere
- Tonpapier oder dünnen Karton
- rot-weiße Stoffreste aus Baumwolle
- Stecknadeln
- Nadel und Faden
- ein 40 cm x 40 cm großes Stück dünne Füllung (Wattierung)
- ein 45 cm x 137 cm großes Stück Futterstoff
- Nähmaschine
- ein 60 cm langes Rüschenband
- ein 6 cm langes und 10 mm breites kariertes Baumwollband
- ein 20 cm langes und 2 cm breites gepunktetes Band

1 Die Vorlagen für die Papier- bzw. Stoffsechsecke von Seite 122 kopieren und auf Tonpapier übertragen. Die Vorlage für den Teekannenwärmer auf Papier pausen und alle 3 Vorlagen ausschneiden. Anschließend mit Hilfe der Vorlagen ca. 120 Sechsecke aus Stoff und die gleiche Anzahl Sechsecke aus Tonpapier herstellen.

2 Ein Tonpapiersechseck mittig auf die falsche (linke) Seite eines Stoffsechseckes legen, eine Stoffkante nach innen auf das Papier klappen und mit Heftstichen feststecken. Die restlichen 5 Kanten ebenfalls nach innen falten und fixieren. Anschließend mit den restlichen Stoffsechsecken ebenso verfahren.

3 2 Stoffsechsecke rechts auf rechts legen und entlang einer Kante zusammennähen. Entlang der übrigen Kanten weitere Sechsecke anlegen und diese ebenfalls annähen. Beim Nähen darauf achten, die Stoffmuster möglichst oft zu wechseln, sodass nicht zwei benachbarte Sechsecke dasselbe Muster aufweisen.

4 Die Sechsecke zu einem immer größeren Patchwork-Gebilde zusammennähen. Die Arbeit dabei von Zeit zu Zeit auf die Teekannenwärmer-Vorlage legen, um zu sehen, ob noch weitere Sechsecke benötigt werden oder nicht (die Patchwork-Arbeit sollte an jeder Stelle ca. 10–15 mm weit über die Vorlage hinausragen). Anschließend auf dieselbe Weise eine zweite Patchwork-Arbeit für die Rückseite des Teekannenwärmers anfertigen. Sind beide Teile fertiggestellt, sämtliche Heftstiche sowie die Papiereinlagen entfernen.

5 Mit Hilfe der Vorlage von Seite 122 je 2 Muster aus dem Füllstoff und 2 Muster aus dem Futterstoff ausschneiden. Die beiden Patchworkteile rechts auf rechts legen, auf jede Seite eine Schicht Füllstoff legen und alle 4 Schichten zusammenheften.

6 Die verschiedenen Schichten mit der Maschine zusammennähen. Die Nahtzugaben an den gerundeten Kanten kürzen und einkerben und den Teekannenwärmer auf rechts drehen. Mit einem heißen Bügeleisen plätten.

7 Die beiden Futterstoffteile rechts auf rechts legen und mit der Maschine entlang der gerundeten Kante zusammennähen. Die Nahtzugaben kürzen und einkerben und das Futter in den Teekannenwärmer einführen. Anschließend die Futter mit der Außenhülle durch Zusammenheften und anschließendes Absteppen an der unteren offenen Kante verbinden. Zum Schluss die Schnittkanten der verschiedenen Lagen im Zickzackstich vernähen.

8 Das Rüschenband entlang der unteren Kante des Teekannenwärmers feststecken und per Hand annähen. Das karierte Baumwollband zur Schlaufe legen und diese an das obere Ende des Teekannenwärmers annähen. Das gepunktete Band zur Schleife binden und die Enden leicht abschrägen, damit der Stoff nicht ausfranst. Die Schleife anschließend unten an die Baumwollschlaufe annähen.

Tipp

Es ist ratsam, sämtliche Stoffreste bereits im Vorfeld zu waschen, da die verschiedenen Stoffe beim Waschen möglicherweise unterschiedlich stark einlaufen.

Variante

Patchwork-Motive sind hervorragend geeignet, um verschiedenen Alltagsgegenständen, wie beispielsweise einem schlichten Kissen, zu einem gänzlich neuen Look zu verhelfen. Die Blume auf dem Foto wurde aus sieben Sechsecken zusammengenäht und mit zwei Stoffblättern im Rautenmuster verziert (die Vorlage für die Blätter finden Sie auf Seite 122). Den Stängel kann man wahlweise im Stiel- oder im Kettenstich aufsticken.

Schabloniertes Holztablett

Mit Tortenspitzen aus Papier lassen sich durch Schablonieren wunderschöne Motive zaubern. So wird beispielsweise auch dieses schlichte Holztablett durch das Auftragen von fröhlichen Farben und einem hübschen rechteckigen Spitzenmuster zu einem echten Highlight.

Sie benötigen

- einfaches Holztablett
- weiße Grundierung
- Pinsel
- grüne und weiße Farbe
- Tortenspitze
- Malerkreppband
- Schablonierpinsel
- Küchenpapier
- weißes selbstklebendes Papierband im Spitzenmuster
- Acryllack auf Wasserbasis

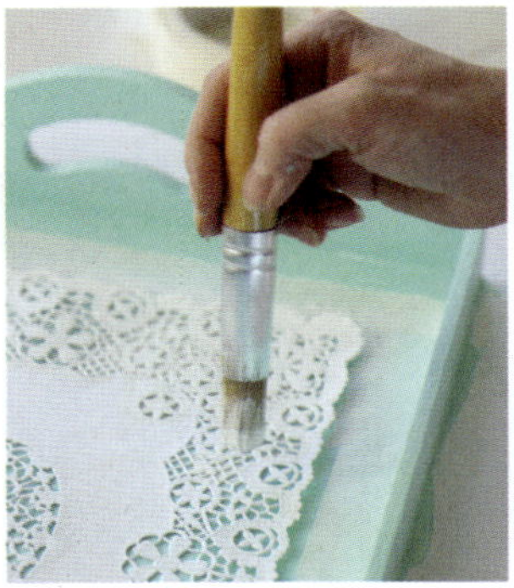

1 Die Oberseite des Tabletts mit weißer Grundierung anstreichen und die Farbe trocknen lassen. Anschließend das Tablett umdrehen und die Unterseite ebenfalls grundieren. Die Farbe nochmals vollständig trocknen lassen und das Tablett danach mit der grünen Farbe bestreichen. Bei Bedarf eine zweite Schicht Farbe auftragen. Die Farbe wiederum vollständig trocknen lassen.

2 Die Tortenspitze auf das Tablett legen, korrekt positionieren und eine Umrandung aus Kreppband ca. 6 mm von den Rändern der Tortenspitze entfernt anbringen. Den Schablonierpinsel in weiße Farbe tunken und die überschüssige Farbe auf Küchenpapier abstreichen bzw. abtropfen lassen. Anschließend die Farbe auf die Tortenspitze auftragen, sodass diese durch das ausgestanzte Muster auf das darunterliegende Tablett gelangt. Dabei bis hin zu den Kanten des Kreppbandes arbeiten.

3 Sobald die Farbe fast trocken ist, die Kreppbandstreifen vorsichtig abziehen und die Tortenspitze entfernen. Hierfür die Spitze an einer Ecke anheben und langsam der Länge nach abziehen, um das darunterliegende Motiv sichtbar zu machen.

4 Das selbstklebende Papierband abziehen und ca. 4 mm vom Boden des Tabletts entfernt ringsum auf den Außenseiten des Tabletts anbringen. Anschließend das gesamte Tablett mit einer Schicht Acryllack überziehen und diese vor dem Benutzen des Tabletts vollständig trocknen lassen.

Tipp

Für schablonierte Tischsets einfach runde Tortenspitzen bzw. für Untersetzer kleine Tortenspitzen verwenden.

Decoupage-Untersetzer

Mit alten Landkarten lassen sich einfache Untersetzer im Handumdrehen aufwerten. Sie können Ihrem Geschenk auch eine zusätzliche persönliche Note verleihen, indem Sie zum Beispiel Landkarten von Orten verwenden, an denen der Beschenkte schon einmal war. Auf Seite 36 finden Sie die Anleitung für den passenden Bilderrahmen.

Sie benötigen

- einfache hölzerne Untersetzer
- weiße Grundierung
- Pinsel
- blaue Farbe
- Tasse oder Zirkel
- alte Landkarten ohne Copyright
- Bleistift
- Schnitzmesser oder Schere
- Kleber
- Acryllack auf Wasserbasis

1 Die Oberseiten und die Seitenränder der Untersetzer mit weißer Grundierung anstreichen und die Farbe trocknen lassen. Anschließend die Unterseiten der Untersetzer ebenfalls grundieren und die Farbe wiederum vollständig trocknen lassen.

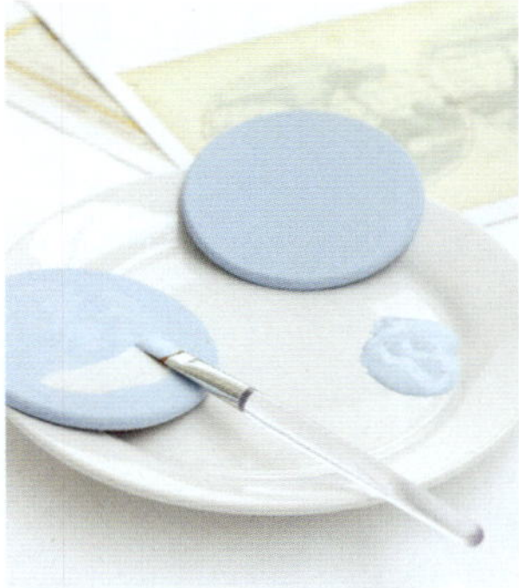

2 Die Oberseiten und die Seitenränder der Untersetzer mit blauer Farbe anstreichen und trocknen lassen. Die Unterseiten der Untersetzer ebenfalls mit blauer Farbe anstreichen und vollständig trocknen lassen. Bei Bedarf eine zweite Schicht Farbe auftragen.

3 Mit Hilfe des Zirkels bzw. einer umgedrehten Tasse (der Tassenrand sollte dabei der Größe der Untersetzer entsprechen) interessante Stellen auf alten Landkarten kreisförmig markieren. Anschließend die Kreise mit der Schere bzw. dem Schnitzmesser ausschneiden.

4 Die Rückseite eines Landkartenkreises dünn mit Kleber bestreichen und auf einen der Untersetzer kleben. Dabei fest auf den Untersetzer drücken und Luftblasen durch Ausstreichen entfernen. Sobald der Kleber getrocknet ist, die Oberseiten der Untersetzer mit einer dünnen Schicht Acryllack überziehen.

Tipp

Wollen Sie zu den Untersetzern passende Tischsets anfertigen, dann schneiden Sie aus den Landkarten einfach größere Kreise aus und kleben Sie diese auf die Sets. Vergessen Sie dabei aber nicht, das Papier durch Auftragen einer dünnen Acryllackschicht gegen Nässe zu schützen.

Besticktes Kissen

Wenn Sie Stoffblumen, Perlen und Stickereien auf einen geblümten Kopfkissenbezug aufnähen, können Sie Ihrem Kissen im Handumdrehen einen interessanten 3D-Effekt und ein bezauberndes Glitzern verleihen.

Sie benötigen

- ein 45 cm x 137 cm großes Stück geblümter Stoff
- Schere
- ein 35 cm x 55 cm großes Stück dünne Füllung (Wattierung)
- Stecknadeln
- Nadel und Faden
- 5–6 Filzblumen
- blaue und goldfarbene Glasperlen
- grünes Stickgarn
- ein 30 cm x 50 cm großes Kissen
- Nähmaschine
- 4 Druckknöpfe

1 Aus dem geblümten Stoff ein 33 cm x 53 cm großes Rechteck für die Vorderseite und zwei jeweils 22 cm x 53 cm große Rechtecke für die Rückseite des Kissens ausschneiden. Anschließend ein 33 cm x 53 cm großes Stück aus der Füllung ausschneiden und auf die falsche (linke) Seite des großen Stoffrechteckes pinnen. Die Füllung mit Heftstichen am Stoff fixieren.

2 Die Filzblumen per Hand auf den Stoff aufnähen und dabei gleichmäßig über das gesamte Blumenmuster verteilen. In die Mitte einer jeden Filzblume eine blaue Glasperle nähen.

3 In die Mitte einiger aufgedruckter Blumenköpfe blaue und goldfarbene Glasperlen nähen. Anschließend 6-fädiges grünes Stickgarn zur Hand nehmen und die Blätter mit 3 Fäden zugleich in langen Steppstichen von je 3 Stichen pro Einheit um die Filzblumen herum aufsticken.

4 Eine der Längsseiten von einem der rückwärtigen Stoffrechtecke 4,5 cm weit nach innen einschlagen. Rechts auf rechts auf die Vorderseite legen. Ebenso mit dem zweiten Rückteil verfahren und beide Rückenteile mit Heftstichen fixieren. Mit der Maschine das Vorder- mit den beiden Rückenteilen verbinden. Heftstiche entfernen und die Hülle auf rechts drehen. Das Kissen in die Hülle stecken und die Druckknöpfe annähen.

Tipp

Wählen Sie für die Kissenhülle einen Stoff aus, der zu den aufgestickten Perlen und Stickereien passt. Baumwollstoffe sind hierfür in der Regel am besten geeignet.

Perlenbestickter Überwurf

Dieser elegante Überwurf ist eine schmuckvolle Zierde für jedes Sofa und jeden Sessel. Für die Verzierung Ihres Überwurfs sollten Sie in Bastelgeschäften nach einer hübschen perlenbestickten Borte Ausschau halten.

Sie benötigen

- ein 50 cm x 120 cm großes Stück Stoff
- Stecknadeln
- Schere
- Nadel und Faden
- eine 55 cm lange perlenbestickte Borte
- Nähmaschine
- ein 55 cm langes perlenbesticktes Saumband
- Rocailles-Perlen
- kleine Facettenperlen aus Kunststoff

1 An der oberen und unteren Stoffkante des Überwurfs je einen doppelt gelegten Saum arbeiten. Hierfür die Kanten zweimal jeweils 10 mm weit umschlagen und anschließend mit Stecknadeln feststecken.

2 Den oberen Saum mit großen Steppstichen fixieren. Beim anderen Saum ebenso verfahren. Sind sämtliche Näharbeiten abgeschlossen, beide Säume vorsichtig flachdrücken.

3 Die perlenbestickte Borte am unteren Ende des Überwurfs ca. 5 cm von der Kante entfernt mit Hilfe von Stecknadeln feststecken. Anschließend die Borte entlang beider Säume mit Heftstichen fixieren und die Stecknadeln entfernen.

4 Die Borte mit Hilfe der Nähmaschine entlang beider Säume auf den Stoff aufnähen. Anschließend sämtliche Heftstiche entfernen und den Überwurf von der Rückseite her mit einem warmen Bügeleisen vorsichtig plätten.

Tipp

Sie können für diese Arbeit auch einen gekauften Schal (bzw. Überwurf) verwenden. In diesem Fall einfach den Saum vermessen, damit Sie wissen, wie lange die Perlenborte und das Saumband sein müssen, und anschließend zu den ermittelten Maßen 2 cm für die Säume hinzuzählen.

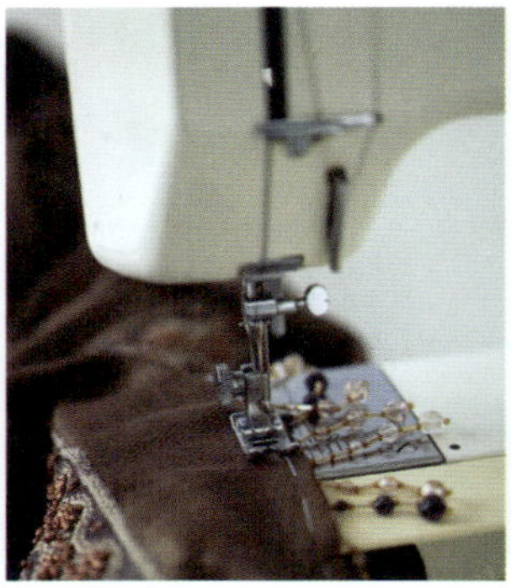

5 Das perlenbestickte Saumband entlang des umgenähten Saumes mit Stecknadeln auf der falschen (linken) Seite des Überwurfs feststecken. Anschließend mit kleinen Heftstichen fixieren und die Stecknadeln entfernen.

6 Das Saumband mit der Maschine vorsichtig auf den Stoff aufnähen und während des Nähens darauf achten, dass die Perlen nicht aus Versehen mit eingenäht werden. Am besten, Sie halten das Saumband mit Ihren Händen von der Nadel fern. Anschließend die Heftstiche entfernen.

7 Den Faden doppelt nehmen, durch die Nadel ziehen und eine Reihe von Rocailles-Perlen im Abstand von jeweils 10 mm entlang der linken Kante der Perlenborte aufnähen. Dabei einen Abstand von 10 mm zur Kante lassen. Denselben Arbeitsvorgang entlang der rechten Kante der Borte wiederholen.

8 Entlang der Längsseiten des Überwurfs je einen doppelt gelegten Saum arbeiten und die Säume dabei 10 mm weit nach innen einschlagen. Anschließend die Säume mit Stecknadeln feststecken und entlang beider Längskanten eine Reihe von Kunststoffperlen im Abstand von ca. 15 mm aufnähen, um die Säume zu fixieren.

Variante

Wenn Sie den Überwurf in feinem Seidenstoff arbeiten, lässt sich aus demselben Entwurf im Handumdrehen eine luxuriöse Abendstola zaubern. In diesem Fall müssen Sie die Perlenborte und das perlenbestickte Saumband allerdings auf beiden Seiten des Überwurfs anbringen. Denken Sie also bitte daran, dass Sie sowohl die Perlenborte als auch das Saumband in doppelter Länge benötigen.

Kapitel 5
Geschenke für Babys und Kinder

Die Geschenke in diesem Kapitel sind speziell für Babys und Kinder gedacht. So eignet sich zum Beispiel das Babykörbchen von Seite 98 ideal als Geschenk für ein Neugeborenes, während die bemalten Holzbuchstaben von Seite 106 ein gelungenes Tauf- oder Geburtstagsgeschenk abgeben. Verwenden Sie ruhig verschiedene Farben und Stoffe, um die Geschenke dem jeweiligen Anlass entsprechend anzupassen – so könnten Sie zum Beispiel Rosa für ein Mädchen und Blau für einen Jungen verwenden. Ist das Geschlecht des Babys noch unbekannt, empfiehlt es sich, neutrale Farben und Stoffmuster zu wählen. Ältere Kinder können bereits einige der leichteren Arbeiten in diesem Kapitel selbst herstellen – beispielsweise die mit Pompons verzierte Tasche oder die bemalten Buchstaben – und diese dann an Freunde oder Familienmitglieder verschenken.

Babydecke mit Applikationen

Diese warme kuschelige Decke ist mit bunten Automotiven verziert und mit einem hübschen, in Kontrastfarbe gehaltenen Schlingenstich umsäumt. Sie wird bestimmt schnell zur unentbehrlichen Lieblings-Schmusedecke eines jeden Kindes werden – vor allem abends beim Zubettgehen.

Sie benötigen

- Papier und Bleistift
- Schere
- mehrere 30 cm x 30 cm große Quadrate Klebevlies
- ein 30 cm x 30 cm großes Quadrat schwarzer Baumwollstoff
- verschiedenfarbige karierte Baumwollquadrate von je 30 cm x 30 cm Größe
- ein 150 cm x 150 cm großes Stück Deckenstoff
- Stecknadeln
- Nähmaschine
- Wollfaden und Nadel

1 Die Auto-, Rad- und Fenstervorlagen von Seite 123 auf Papier kopieren und ausschneiden. Die Klebevliesquadrate sowohl auf die Rückseite des schwarzen, als auch auf die Rückseiten der karierten Baumwollquadrate aufbügeln. Anschließend die Umrisslinie des Autos auf das Trägerpapier des auf die bunten Stoffquadrate aufgebügelten Klebevlieses übertragen. Dabei pro Farbe vier Autos herstellen.

2 Die Rad- und Fenstervorlagen auf das Trägerpapier des auf das schwarze Stoffquadrat aufgebügelten Klebevlieses übertragen. Pro Auto benötigen Sie zwei Räder und zwei Fenster.

3 Die Autos in regelmäßigen Abständen entlang der Kanten auf den Deckenstoff legen und mit Stecknadeln feststecken. Dabei darauf achten, die Farben der Autos abzuwechseln. Anschließend von jedem Auto das rückseitige Trägerpapier abziehen und die Autos an vorgesehener Stelle auf den Deckenstoff aufbügeln. Von den Autofenstern und -rädern ebenfalls das Trägerpapier abziehen und die Motive auf die Stoffautos aufbügeln. Dabei das obige Foto als Anleitung verwenden.

Tipp

Sie können auch eine bereits fertig umsäumte Decke zum Aufbügeln der Motive verwenden. Auch sieht es sehr hübsch aus, wenn Sie passende Kissen mit etwas größeren Automotiven herstellen. Hierfür einfach die Vorlagen von Seite 123 mit Hilfe eines Fotokopierers entsprechend vergrößern.

Peppa Goes Swimming
Tiny Creatures
Crossley-Holland

4 Einen zum Deckenstoff farblich passenden Faden in die Maschine einlegen und mit kleinen Zickzackstichen die Autos mitsamt der Räder und Fenster auf den Stoff aufnähen. Lose Fadenenden mit der Schere kürzen.

5 Bei sämtlichen Autos mit größeren Zickzackstichen die Zwischenräume zwischen den beiden Autofenstern absteppen. Die Fadenenden wiederum mit der Schere kürzen. Sind alle Autos aufgenäht, die Decke umdrehen und die Motive von der Rückseite her mit einem warmen Bügeleisen bügeln.

6 Mit einer Schere alle vier Ecken der Decke abrunden. Dadurch lässt sich die Decke später leichter einfassen.

7 Die Kanten der Decke ringsum ca. 12 mm weit nach innen (also auf die falsche Stoffseite) umschlagen und mit Stecknadeln feststecken. Anschließend den Saum mit Heftstichen fixieren und flachdrücken

8 Mit Hilfe einer dicken Nadel und eines farblich kontrastierenden Nähgarns die Decke ringsum im Applikationsstich einfassen. Den Faden am Ende ordentlich vernähen und die Stiche auf der Rückseite des Deckenstoffes mit einem warmen Bügeleisen plätten.

Variante

Für ein kleines Mädchen können Sie die Decke in feminineren Farben gestalten und anstelle von Autos zum Beispiel eine bunte Stoffblume (Motiv auf Seite 123) aufbügeln. Natürlich können Sie die Decke auch mit dem Namen bzw. den Initialen des Kindes schmücken oder andere geeignete Motive aus bedrucktem Stoff ausschneiden und aufbügeln.

Baby-körbchen

Mit Handtüchern, Babydecken und diversen Kleidungsstücken gefüllt, stellt dieser attraktive Flechtkorb das ideale Geschenk für ein Neugeborenes dar. Später kann man in dem Korb dann ganz alltägliche Dinge wie beispielsweise Windeln, Wickelauflagen, Söckchen oder Lätzchen verstauen.

Sie benötigen

- Papier und Bleistift zum Abpausen der Vorlagen (siehe Tipp)
- Flechtkorb
- Maßband
- Schere
- ein ca. 70 cm x 137 cm großes Stück Stoff
- Stecknadeln
- Nadel und Faden
- Nähmaschine
- ein 10 mm breites Gummiband, groß genug, um einmal um den Korb zu passen
- Sicherheitsnadel
- 1 einfacher Geschenkanhänger
- Sprühkleber
- verschiedene Babyartikel zum Befüllen des Korbes

1 Die Vorlage für die Innenauskleidung von Seite 124 auf Papier kopieren (die Vorlage dabei der Höhe und Breite des Korbes anpassen) und ausschneiden. Die geschwungenen Abschnitte an den Seiten erleichtern das Falten des Stoffes über den Rand. Die Vorlage auf den Stoff pinnen und das Motiv viermal ausschneiden.

2 Zwei der ausgeschnittenen Stoffmuster für die Seiten des Korbes rechts auf rechts legen und mit der Maschine zusammennähen. Denselben Vorgang so lange wiederholen, bis alle vier Seitenteile zusammengenäht sind. Nahtzugaben an den geschwungenen oberen Kanten der Innenauskleidung kürzen.

3 Für den Korbboden ein entsprechend großes Stück Stoff ausschneiden und die Ecken des Bodenteils vorsichtig mit der Schere abrunden (dadurch lässt es sich leichter mit der seitlichen Korbauskleidung verbinden). Anschließend die vierteilige Seitenverkleidung rechts auf rechts auf das Bodenteil legen, beide Stoffteile mit Heftstichen fixieren und sämtliche Nähte mit der Maschine schließen. Zum Schluss die Nahtzugaben entlang der gerundeten Stellen kürzen und die Heftstiche entfernen.

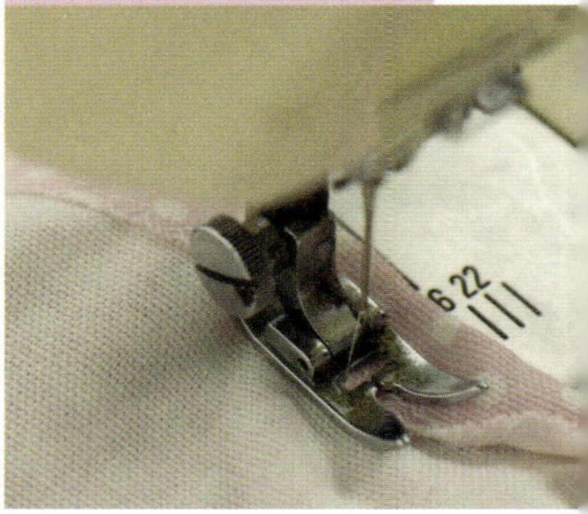

4 Die umlaufende Schnittkante der Seitenverkleidung im Zickzackstich umsäumen und die Saumkante anschließend 10 mm weit nach innen einschlagen und flachdrücken. Für den Tunnelzug den eingeschlagenen Saum mit der Maschine so nah wie möglich an der Kante des Stoffes annähen und dabei für das Einführen des Gummibandes eine Öffnung von ca. 15 mm freilassen.

Tipp

Die Vorlage kann an Ihren Korb angepasst werden, indem Sie die Höhe des Korbes abmessen. Die Höhe der Vorlage bis zum Beginn der geschwungenen Linie entspricht der gemessenen Höhe. Zur Weite 2 cm für Nähte hinzufügen.

Variante

Wenn Sie das Geschlecht des Kindes noch nicht kennen, können Sie die Korbauskleidung auch in neutralen Farben halten – ein hübsches Beispiel hierfür ist der im obigen Bild verwendete hellbeige Leinenstoff. Auch helle Farbschattierungen in Gelb, Mintgrün oder Creme sind für diesen Zweck gut geeignet.

5 An einem Ende des Gummibandes eine Sicherheitsnadel befestigen und das Band durch den Tunnelzug führen. Ist das Band durchgezogen, den Stoff ein wenig ziehen, sodass er so flach wie möglich zu liegen kommt.

6 Die Korbauskleidung falls nötig vor dem Einlegen in den Korb bügeln. Anschließend die Seiten des Stoffes über den Rand des Korbes ziehen, sodass der Stoff eng anliegt. Das Gummiband dem Umfang des Korbes entsprechend anpassen. Dabei die beiden Enden mehrmals miteinander verknoten, um sicherzustellen, dass das Band ordentlich fixiert ist. Zum Schluss die überstehenden Enden abschneiden und die freigelassene Öffnung an der Saumkante per Hand zunähen.

7 Für den Geschenkanhänger die Herz-Vorlage von Seite 124 auf Papier pausen und ausschneiden. Das Motiv auf ein kleines Stück des zuvor für den Korb verwendeten Stoffes übertragen und mit der Schere ausschneiden.

8 Die Rückseite des Herzens mit Sprühkleber besprühen (Vorsicht, der Kleber sollte nur in einem gut belüfteten Raum verwendet werden!). Anschließend das Stoffherz auf die Vorderseite des Anhängers kleben und den Kleber vollständig trocknen lassen.

Babyhandtuch und -waschlappen

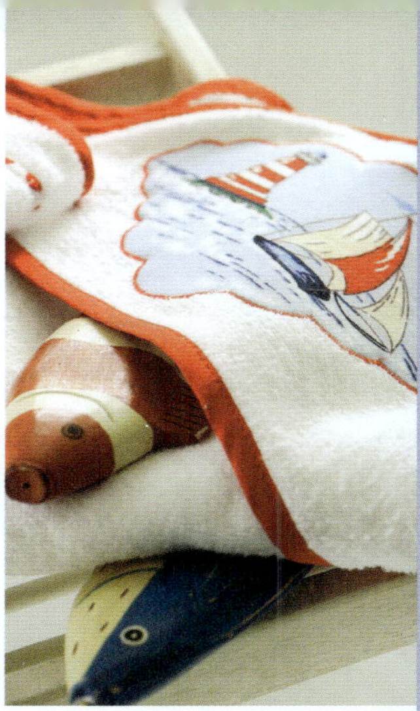

Dieses Set, bestehend aus Babyhandtuch und Babywaschlappen, ist mit einem hübschen Segelbootmotiv verziert und wird ringsum mit farbenfrohem Band eingefasst. Mit applizierten Motiven aus Stoff können Sie außerdem im Handumdrehen verschiedene Gegenstände stilistisch miteinander verknüpfen.

Sie benötigen

- ein 125 cm x 137 cm großes Stück Frottee
- Schere
- Papier und Bleistift zum Abpausen der Vorlagen
- Stecknadeln
- ein aus gemustertem Stoff ausgeschnittenes Motiv
- Klebevlies in Motivgröße
- Nähmaschine
- ein 4,75 m langes und 2,5 cm breites Schrägband
- Nadel und Faden

1 Ein 90 cm x 90 cm großes Quadrat aus dem Frotteestoff ausschneiden und die Kapuzen-Vorlage von Seite 125 auf Papier pausen und ausschneiden. Anschließend die Papiervorlage auf ein Reststück vom Frotteestoff pinnen und daraus einen Kapuzenteil ausschneiden. Das Kapuzenteil über eine Ecke des Frotteequadrates legen und die Ecke des Quadrates entsprechend der Kapuzenvorlage abrunden. Auf dieselbe Weise die drei übrigen Ecken des Frotteequadrates abrunden.

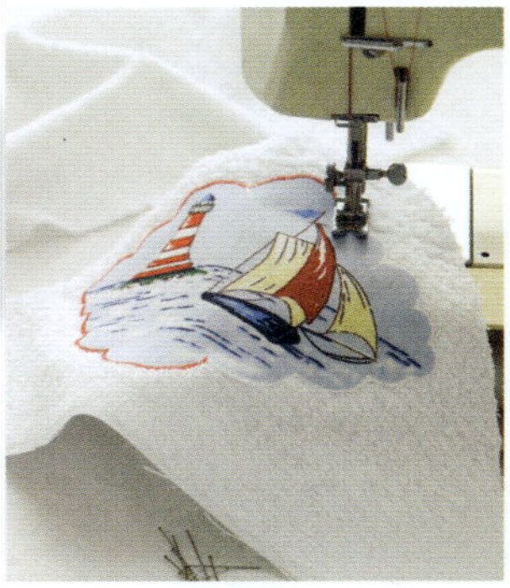

2 Das Klebevlies auf die falsche (linke) Seite des Stoffmotivs aufbügeln und das Motiv ausschneiden. Anschließend das rückwärtige Trägerpapier des Vlieses abziehen, das Motiv mittig auf das Kapuzenteil legen und dort aufbügeln. Die Kanten des Motivs mit der Maschine im Zickzackstich umsäumen.

3 Das Schrägband der Länge nach mittig falten und die Falzkante flachdrücken. Anschließend vom Band ein ausreichend großes Stück für die untere gerade Kante der Kapuze abschneiden, das Band mit Heftstichen an der Kante befestigen und anschließend mit der Maschine annähen.

Tipp

Sie können für diese Arbeit auch bereits fertig gestickte Motive verwenden. Eine breite Auswahl solcher Motive finden Sie in Bastelläden sowie in den Nähabteilungen größerer Kaufhäuser.

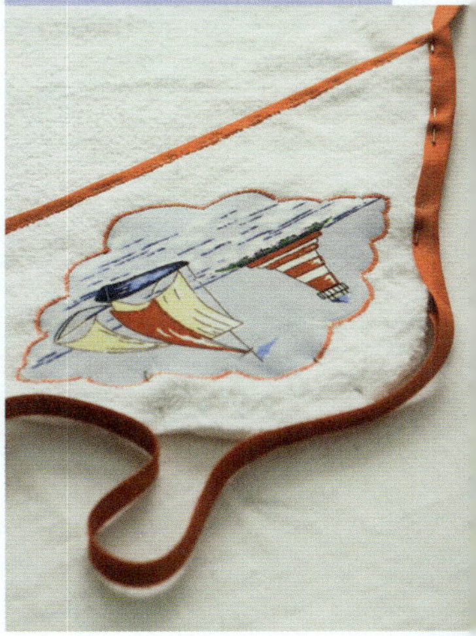

4 Die Kapuze auf eine der Ecken des Frotteequadrates legen, mit Stecknadeln feststecken und beide Teile entlang der gerundeten Kante mit Schrägband einfassen (Heftstiche). Anschließend die restlichen Kanten ebenfalls mit Schrägband einfassen. Zum Schluss das umlaufende Schrägband an die Kanten annähen und sämtliche Heftstiche entfernen.

Der Waschlappen sollte nach Möglichkeit aus demselben Stoff wie das Badehandtuch genäht werden. Abgesehen von dem bereits bekannten Segelbootmotiv finden Sie bei dieser Arbeit außerdem eine hübsche Segelbootborte entlang der unteren Kante appliziert, welche überdies ideal zum Nähen einer Aufhängschlinge geeignet ist.

Sie benötigen

- Papier und Bleistift
- Schere
- ein 30 cm x 30 cm großes Frotteequadrat
- Stecknadeln
- eine 25 cm lange und 10 mm breite Borte
- Nadel und Faden
- Klebevlies
- Nähmaschine
- ein aus gemustertem Stoff ausgeschnittenes Motiv (wie Seite 102)
- ein 90 cm langes und 2,5 cm breites Schrägband

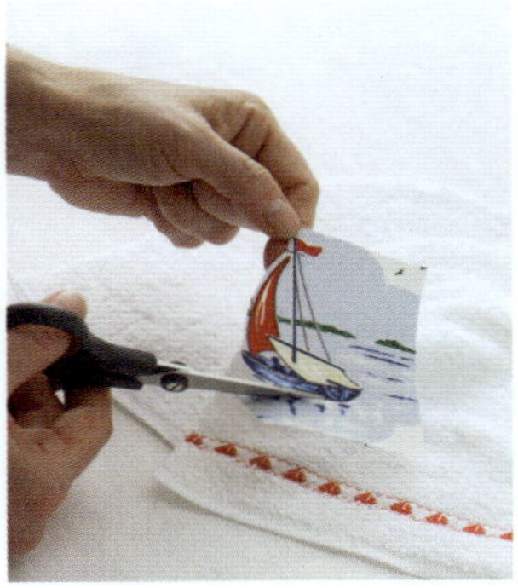

1 Die Waschlappen-Vorlage von Seite 124 auf den Frotteestoff legen, die Umrisslinie mit Bleistift nachfahren und den Waschlappen zweimal aus dem Stoff ausschneiden. Die Borte ca. 3 cm von der unteren Kante eines Teiles entfernt mit Heftstichen fixieren. Zum Schluss die Borte entlang beider Kanten aufnähen und die Heftstiche entfernen.

2 Das Klebevlies auf die Rückseite des Stoffmotivs aufbügeln und das Motiv ausschneiden. Das rückwärtige Trägerpapier des Vlieses abziehen und das Motiv oberhalb der Borte auf den Frotteestoff aufbügeln. Anschließend sämtliche Kanten des Motivs mit der Maschine absteppen und so das Motiv fixieren.

3 Die beiden Waschlappenteile rechts auf rechts legen und mit der Maschine entlang der Längsseiten sowie der abgerundeten oberen Kante zusammennähen. Die gerade untere Kante für die Waschlappenöffnung freilassen. Anschließend die Schnittkanten der Nahtzugaben mit Hilfe mittelgroßer Zickzackstiche absteppen, damit der Stoff nicht zu sehr ausfranst.

4 Den Waschlappen auf rechts drehen. Das Schrägband der Länge nach mittig falten und die Falzkante flachdrücken. Die Schnittkanten des Bandes nach innen einschlagen, die Waschlappenöffnung ringsum mit dem Band einfassen und das Band anschließend mit der Maschine festnähen. Zum Schluss aus der Borte eine Schlinge formen und diese per Hand an eine Ecke des Waschlappens annähen.

Tipp

Anstelle des Stoffmotivs können Sie natürlich auch die Initialen des Babys auf den Waschlappen aufsticken. Verwenden Sie hierfür am besten ein helles farbenfrohes Stickgarn und sticken Sie die Buchstaben im Kettenstich auf.

Holzbuchstabenalphabet

Initialen in freundlichen Farbtönen oder gar ein kompletter, aus Holzbuchstaben zusammengesetzter Name sind eine Bereicherung für jedes Kinderzimmer. Holzbuchstaben-Rohlinge sind in vielen verschiedenen Größen und Schriftarten erhältlich – Sie haben die freie Auswahl.

Sie benötigen

- Holzbuchstaben-Rohlinge
- weiße Grundierung
- dicke und dünne Pinsel
- verschiedene Farben zum Bemalen
- Lineal
- Bleistift
- Zirkel oder ein geeigneter runder Gegenstand

1 Eine Schicht weiße Grundierung auf die Vorderseite der Buchstaben auftragen und trocknen lassen. Anschließend die Rückseite der Buchstaben grundieren und die Farbe erneut trocknen lassen.

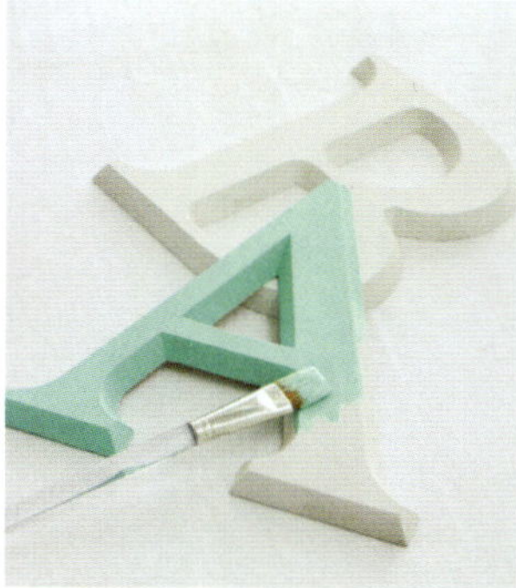

2 Die einzelnen Buchstaben in der jeweiligen Grundfarbe anstreichen und die Farbe vollständig trocknen lassen. Falls nötig, zur besseren Farbabdeckung eine zweite Schicht Farbe auftragen.

3 Mit Lineal und Bleistift die Linien für die bemalten Streifen aufzeichnen (diese sollten ca. 2,5 cm Abstand zueinander haben). Die Umrisslinien für die Punkte mit Hilfe eines Zirkels oder eines geeigneten runden Gegenstandes auf die Buchstaben aufmalen.

4 Die Streifen oder Punkte mit einem feinen Pinsel ausmalen und die Farbe trocknen lassen. Es empfiehlt sich, zunächst die äußere Begrenzungslinie mit einem feinen Pinsel nachzufahren und anschließend das Innere mit einem dickeren Pinsel auszumalen.

Tipp

Sie können die Buchstaben auch mit selbstklebenden Blumenmotiven in Pink, Orange und Rot verzieren. Die Motive sollten Sie anschließend mit einer Schicht durchsichtigem Lack vor Umwelteinflüssen schützen.

Schabloniertes Kinderstühlchen

Auch wenn das Kind zum Daraufsitzen bereits zu groß geworden ist: Ein einfaches schabloniertes Stühlchen wird es auch noch nach Jahren lieben! Wollen Sie dem Stuhl eine ganz individuelle Note verleihen, dann fügen Sie dem Motiv einfach die Initialen, den Namen oder den Geburtstag des Kindes hinzu.

Sie benötigen

- einfacher Holzstuhl
- Schleifpapier
- weiße Grundierung
- Pinsel
- rosarote und weiße Farbe
- Schablone
- Schablonierpinsel
- Küchentücher
- Acryllack auf Wasserbasis

1 Den Stuhl abschmirgeln, um seine Oberfläche für die Bemalung vorzubereiten. Den Stuhl grundieren und die Grundierung vollständig trocknen lassen. Anschließend die rosarote Grundfarbe auftragen und die Farbe trocknen lassen. Für eine optimale Farbabdeckung bei Bedarf eine zweite Schicht Farbe auftragen und diese ebenfalls vollständig trocknen lassen.

2 Die Schablone mittig auf die Sitzfläche legen, den Schablonierpinsel in die weiße Farbe tunken und überschüssige Farbe auf Küchentüchern abstreifen. Anschließend das Motiv durch die Schablone auf den Stuhl übertragen und die Farbe danach vollständig trocknen lassen.

3 Ist die Farbe trocken, die Schablone vorsichtig abziehen. Sollte die Rückseite der Schablone mit etwas Farbe beschmutzt sein, die Farbe einfach mit Küchentüchern abwischen oder die Schablone unter fließendem Wasser gründlich abwaschen und vor erneutem Gebrauch vollständig trocknen lassen.

4 Mit Hilfe verschiedener Motivabschnitte auf der Schablone die Rückenlehne des Stuhles verzieren. Alternativ dazu können Sie die Lehne aber auch mit Zahlen oder Buchstaben schablonieren, ganz wie Sie möchten. Ist die Farbe trocken, sollten Sie die Verzierungen auf jeden Fall mit einer Schicht wasserlöslichem Acryllack vor Umwelteinflüssen schützen.

Tipp

Anstatt mit Hilfe von Schablonen können Sie den Stuhl auch im Decoupagestil gestalten. Hierfür einfach geeignete Kindermotive auswählen (zur Decoupagetechnik siehe Seite 36).

Russische Holzpuppen

Die Holz-Rohlinge dieser kleinen Puppen sind extrem leicht zu verzieren. Sie eignen sich nicht nur als hübsche Deko, sondern auch als einzigartiges Behältnis für ein besonderes Geschenk.

Sie benötigen

1 Satz russische Holzpuppen (Rohlinge)

weiße Grundierung

dünne und mitteldicke Pinsel

eine Auswahl an Farben zum Bemalen der Puppen

feiner Bleistift

Acryllack auf Wasserbasis

kleine Knöpfe

3D-Textilfarbe

kleine Schleifen

Kleber

1 Die Rohlinge grundieren und die Grundierung trocknen lassen. Sollte das Holz sehr porös sein, eventuell eine zweite Schicht Grundierung auftragen. Den inneren Aufsteckrand in der Mitte der Puppen beim Grundieren jedoch aussparen, da sich das Oberteil sonst nicht mehr so leicht aufstecken lässt.

2 Die Puppen in den jeweiligen Farben bestreichen und die Farben trocknen lassen. Falls nötig, eine zweite Schicht Farbe auftragen. Mit dünnem Bleistift Gesicht und Kopftuch aufzeichnen und das Gesicht hautfarben ausmalen. Zum Schluss die Augen und das Haar mit schwarzer Farbe gestalten.

3 Mit einem dünnen Pinsel die Schleife und den Knoten des Kopftuches aufmalen. Anschließend mit einem dickeren Pinsel das gesamte Kopftuch ausmalen. Mit roter Farbe den Mund aufmalen. Die Farben vollständig trocknen lassen und die Puppen zum Schluss mit einer Schicht Acryllack überziehen, um die Bemalung zu schützen.

4 Die größte der Puppen mit den Knöpfen und Tupfen aus 3D-Farbe verzieren und direkt unterhalb des Gesichtes eine kleine Schleife aufkleben. Die restlichen Puppen nur mit Farbe (nicht mit Knöpfen) dekorieren.

Tipp

Im Internet werden Sie noch viele weitere Deko-Ideen für die russischen Matrijoschka-Puppen finden – von ausgefallen bis traditionell. Lassen Sie sich inspirieren.

Tasche mit Pompons

Hier werden Pompons in verschiedenen Violett- und Mauvetönen zum Schmücken einer Wollfilztasche verwendet, allerdings stellen sie für so ziemlich jeden Artikel aus Stoff eine hübsche Verzierung dar. Für einen Multicolor-Pompon einfach verschiedene Farben zusammen verwenden.

Sie benötigen

zwei stabile dicke Kartonstücke

Schere oder Cutter

Kammgarne in Hellviolett und Mauve

scharfe Schere

Stopfnadel

1 Aus den Kartonstücken zwei Kreise ausschneiden (im Durchmesser so groß wie der Pompon). Anschließend aus jedem der beiden Kreise einen Mittelkreis ausschneiden, im Durchmesser ca. halb so groß wie der äußere Kreis. Nun die beiden Kreise aufeinanderlegen, das Ende eines Garnstranges durch das Loch in der Mitte führen und festknoten. Das Garn immer wieder durch das Loch in der Mitte führen und dabei fest um die Kartonscheiben wickeln.

2 Das Garn immer weiter um die Kartonscheiben wickeln und dabei in regelmäßigen Abständen fest anziehen. Für die Herstellung eines kreisrunden, vollen Pompons das Garn so lange um die Scheiben wickeln, bis das Loch in der Mitte fast komplett ausgefüllt ist. Ist das Wickeln abgeschlossen, mit einer scharfen Schere zwischen die beiden Kartonscheiben fahren und die Wollfäden ringsum aufschneiden.

3 Die beiden Kartonscheiben ganz vorsichtig ein Stück weit auseinanderziehen. Ein ca. 40 cm langes Stück vom Garn abschneiden, mittig zusammenfalten und zwischen die beiden Kartonscheiben führen. Dort zu einem festen Knoten binden. Der Knoten sorgt dafür, dass der Pompon später nicht aufgeht bzw. die einzelnen Wollfäden auseinanderfallen. Es ist also sehr wichtig, den Knoten möglichst fest anzuziehen.

4 Mit beiden Händen die Kartonscheiben vorsichtig vom Pompon abziehen und diesen im Anschluss daran etwas aufschütteln. Zu lange Garnenden kürzen, sodass am Ende ein kreisrundes Knäuel entsteht. Anschließend den Pompon mit Hilfe einer Stopfnadel und der beiden aus der Knäuelmitte herausragenden Garnenden an einer Tasche oder einem Kleidungsstück befestigen.

Handytasche aus Filz

Welches Geschenk könnte für ein junges Mädchen passender sein als diese hübsche Handytasche aus farbenfrohem Filz mit bunter Zierschleife und dekorativen Filzanhängern?

Sie benötigen

- Papier und Bleistift zum Abpausen der Vorlagen
- Schere
- je ein 25 cm x 25 cm großes Filzquadrat in Grün und Rosa
- Stecknadeln
- Stickgarn und Nadel
- blaues Band
- 1 kleiner Druckknopf aus Plastik
- 2 kleine Anhänger aus Filz
- ein 15 cm langes schmales Band
- ein 25 cm langes und 2 cm breites kariertes Band
- 1 kleine Stoffblume
- Stoffkleber

1 Die Vorlagen von Seite 121 kopieren und ausschneiden. Die Vorlage für die Hülle auf das rosafarbene Filzquadrat pinnen und zweimal ausschneiden. Die Vorlage für die Klappe auf das grüne Filzquadrat pinnen und einmal ausschneiden, allerdings entlang der Falzkante (gerade Kante) doppelt genommen. Die Filzstücke für die Hülle mit Kreuzstichen an die Falzkante des Klappenstückes annähen und bügeln.

2 Die rosafarbenen Filzstücke einmal mittig nach oben zur grünen Deckelklappe hin falten. Ein Stickgarn in Kontrastfarbe wählen und die obere Naht und die Seitennähte der Hülle mit kleinen Applikationsstichen umsäumen. Das blaue Band im Schlingenstich parallel zur unteren Kante der Hülle auf den Stoff aufnähen. Die Druckknopfteile an der Unterseite der Klappe und auf der Hülle annähen.

3 Die beiden Filzanhänger auf das schmale Band fädeln und in das Ende des Bandes einen Knoten machen. Anschließend die Enden des Bandes zwischen die beiden grünen Klappenteile führen und dort per Hand festnähen. Zum Schluss die beiden Hälften der Klappe im Applikationsstich und mit kontrastfarbigem Stickgarn zusammennähen.

4 Aus dem karierten Band eine Schleife binden und die Enden diagonal abschneiden, um ein Ausfransen des Stoffes zu verhindern. Anschließend die Stoffblume auf die Mitte der Schleife nähen bzw. kleben. Zum Schluss die Schleife mittig auf die grüne Klappe kleben und den Kleber vollständig trocknen lassen. Falls erforderlich, die Schleife mit einigen kleinen Stichen auf der Filzklappe fixieren.

Tipp

Sie können die Tasche auch für einen iPod bzw. einen MP3-Spieler herstellen. In diesem Fall einfach das Gerät als Vorlage verwenden und auf jeder Seite 10 mm für die Nahtzugaben hinzufügen.

Vorlagen

Auf den folgenden Seiten finden Sie sämtliche Motivvorlagen, die Sie für die Projekte in diesem Buch benötigen. Manche sind in Originalgröße wiedergegeben und können so wie sie sind abgepaust bzw. kopiert werden. Andere dagegen sind nur halb so groß wie im Original und müssen vor dem Abpausen mit Hilfe eines Fotokopierers um 200 Prozent vergrößert werden.

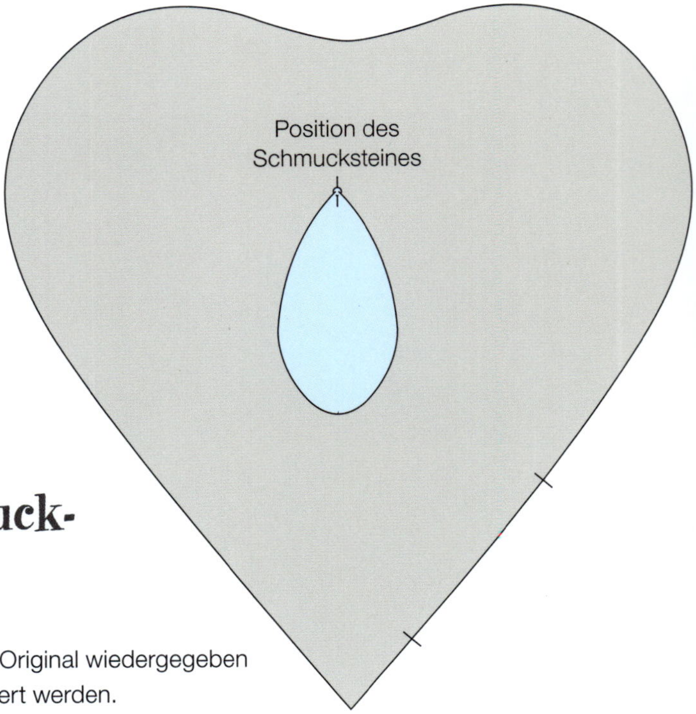

Stoffherz mit Schmucksteinanhänger

Seite 30

Diese Vorlage ist nur halb so groß wie im Original wiedergegeben und muss daher um 200 Prozent vergrößert werden.

Vatertagsschürze

Schürzentasche

Seite 34

Diese Vorlage ist nur halb so groß wie im Original wiedergegeben und muss daher um 200 Prozent vergrößert werden.

Anmerkung: Die Vorlage für die Schürze finden Sie auf Seite 126.

Weihnachtsstrumpf

Strumpf-Manschette

Seite 18

Diese Vorlage ist nur halb so groß wie im Original wiedergegeben und muss daher um 200 Prozent vergrößert werden.

Anmerkung: Die Vorlage für den Strumpf finden Sie auf Seite 126.

Weihnachtsstrumpf

Stickerei-Motiv

Seite 18

Diese Vorlage ist nur halb so groß wie im Original wiedergegeben und muss daher um 200 Prozent vergrößert werden.

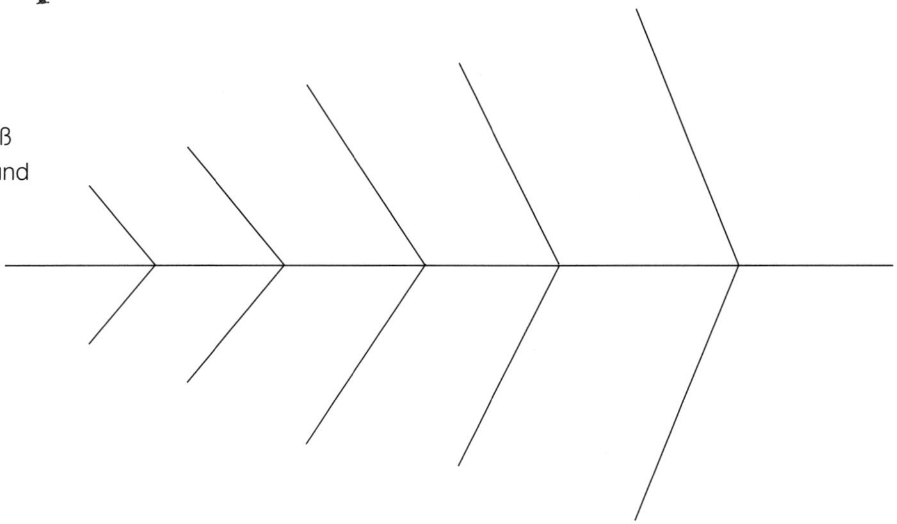

Monogrammierte Kissen

Seite 38

Beide Vorlagen sind nur halb so groß wie im Original wiedergegeben und müssen daher um 200 Prozent vergrößert werden.

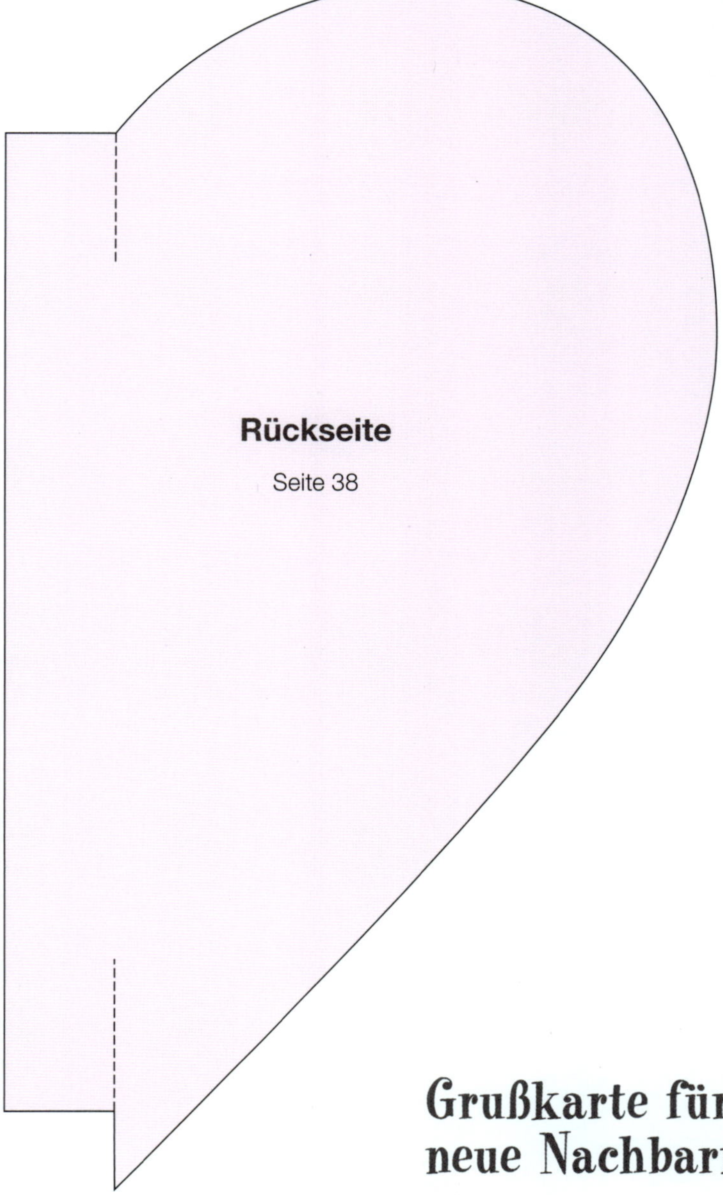

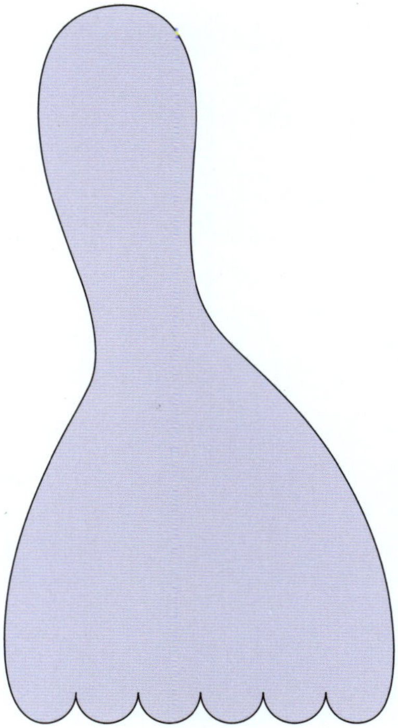

Eierwärmer aus Filz

Seite 14
Diese Vorlage ist nur halb so groß wie im Original wiedergegeben und muss daher um 200 Prozent vergrößert werden.

Grußkarte für neue Nachbarn

Seite 72
Diese Vorlage ist in Originalgröße wiedergegeben und braucht daher nur abgepaust zu werden.

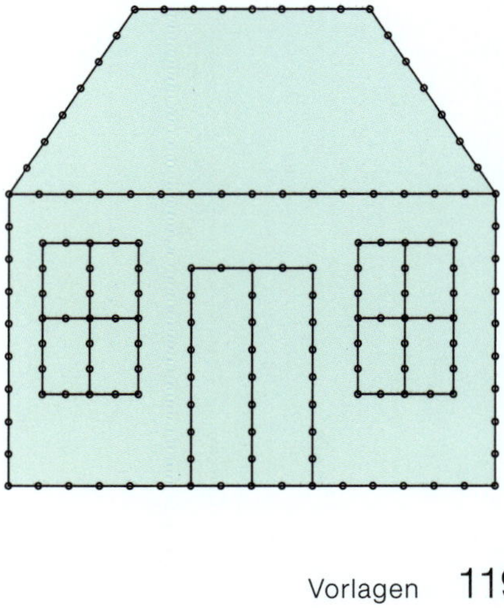

Picknickkorb

Innenauskleidung

Seite 42
Diese Vorlage ist nur halb so groß wie im Original wiedergegeben und muss daher um 200 Prozent vergrößert werden.

Handtäschchen

Seite 66
Diese Vorlage ist nur halb so groß wie im Original wiedergegeben und muss daher um 200 Prozent vergrößert werden.

Handytasche aus Filz

Seite 114
Beide Vorlagen sind in Originalgröße wiedergegeben und brauchen daher nur abgepaust (bzw. an die jeweiligen Maße Ihres Handys angepasst) zu werden.

Lavendelherz

Seite 52
Diese Vorlage ist nur halb so groß wie im Original wiedergegeben und muss daher um 200 Prozent vergrößert werden.

Patchwork-Teekannenwärmer

Seite 78

Sämtliche Vorlagen für den Teekannenwärmer sind nur halb so groß wie im Original wiedergegeben und müssen daher um 200 Prozent vergrößert werden.

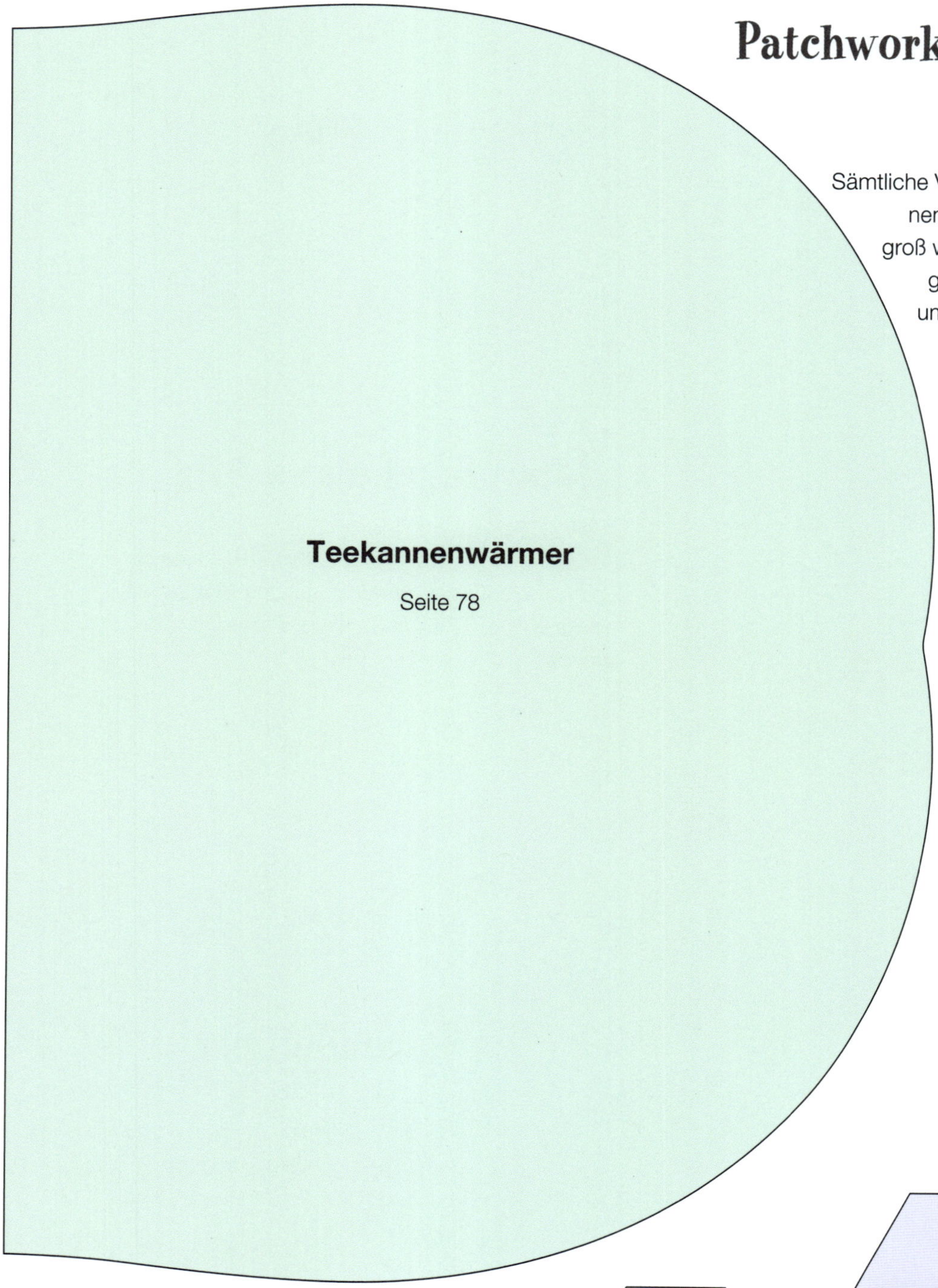

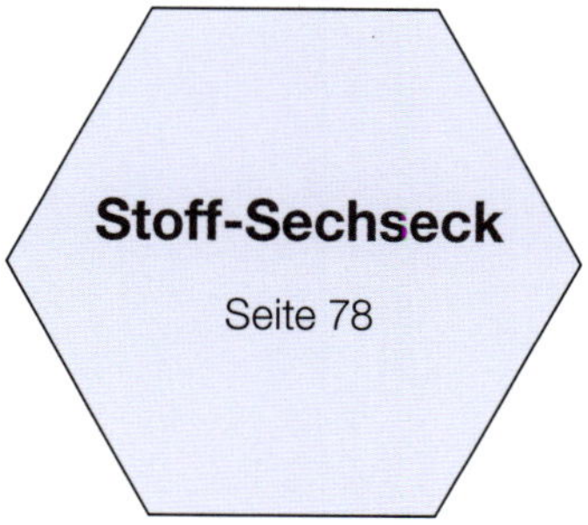

Babydecke mit Applikationen

Seite 94
Sämtliche Vorlagen für die Babydecke sind in Originalgröße wiedergegeben und brauchen daher nur abgepaust zu werden.

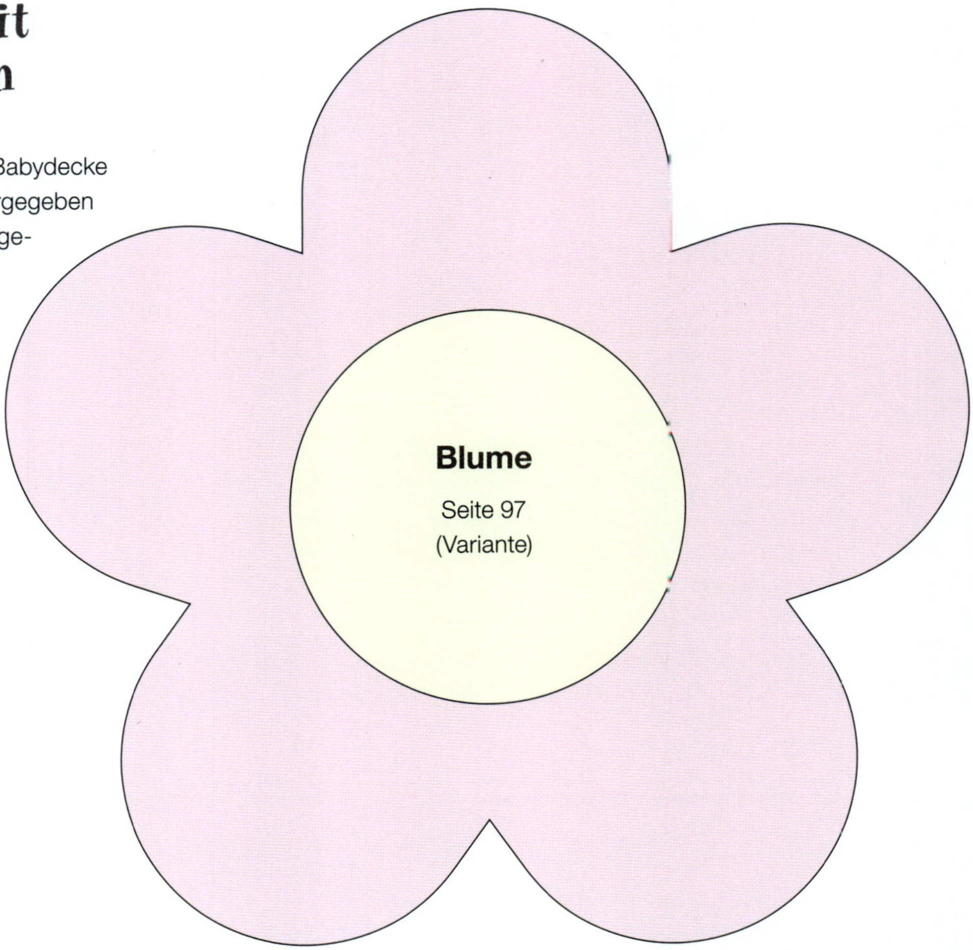

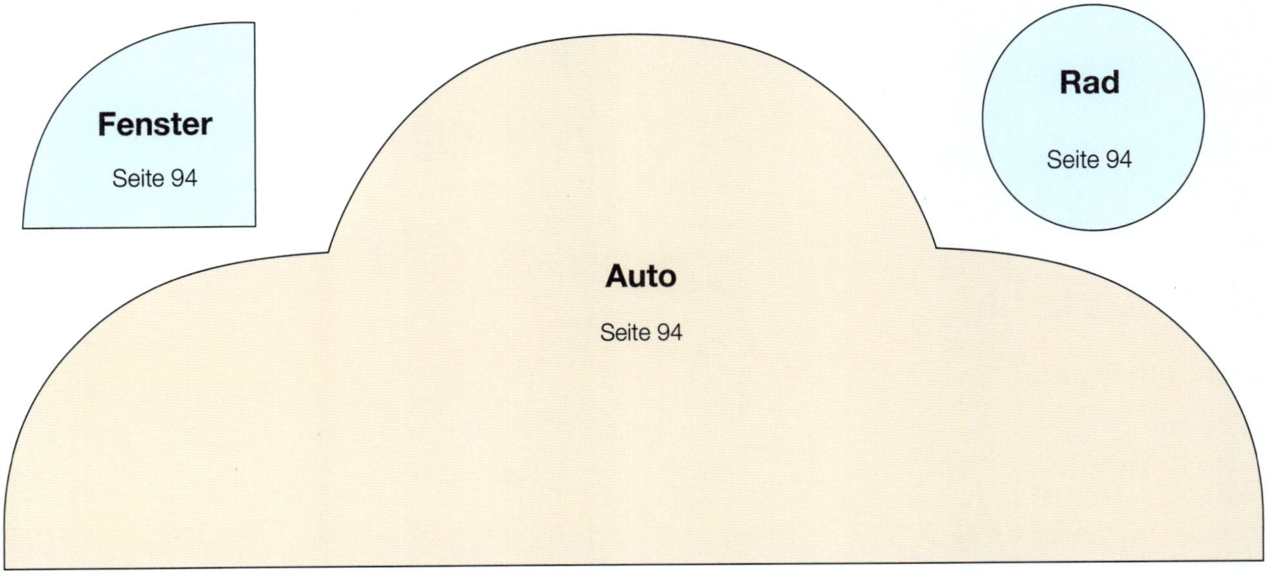

Babykörbchen

Innenauskleidung

Seite 98
Bei dieser Vorlage kann man deutlich erkennen, dass die Stoffauskleidung im oberen Teil weiter geschnitten werden muss, damit sie später leichter über den Rand des Korbes gezogen werden kann. Der Tipp auf Seite 99 liefert Ihnen die nötigen Informationen dazu, wie Sie die Innenauskleidung individuell an die Maße Ihres Korbes anpassen können.

Babykörbchen

Herzanhänger

Seite 98
Diese Vorlage ist in Originalgröße wiedergegeben und braucht daher nur abgepaust zu werden.

Babywaschlappen

Seite 104
Diese Vorlage ist nur halb so groß wie im Original wiedergegeben und muss daher um 200 Prozent vergrößert werden.

Stoffwimpel

Seite 74
Diese Vorlage ist nur halb so groß wie im Original wiedergegeben und muss daher um 200 Prozent vergrößert werden.

Babyhandtuch

Kapuze

Seite 102
Diese Vorlage ist nur halb so groß wie im Original wiedergegeben und muss daher um 200 Prozent vergrößert werden.

Das unten gezeigte Rastergitter gibt Ihnen Auskunft über die tatsächliche Größe der beiden Vorlagen „Vatertagsschürze“ und „Weihnachtstrumpf“, wobei jedes Quadrat einer Länge bzw. Breite von 5 Zentimetern entspricht. Übertragen Sie die Vorlagen einfach in Originalgröße auf Papier (z. B. Rasterpapier).

Vatertags-schürze

Seite 34

Schneiden Sie die Vorlage einmal aus dem Stoff aus, allerdings entlang der Falzkante aufgeklappt und doppelt genommen.

Weihnachts-strumpf

Seite 18

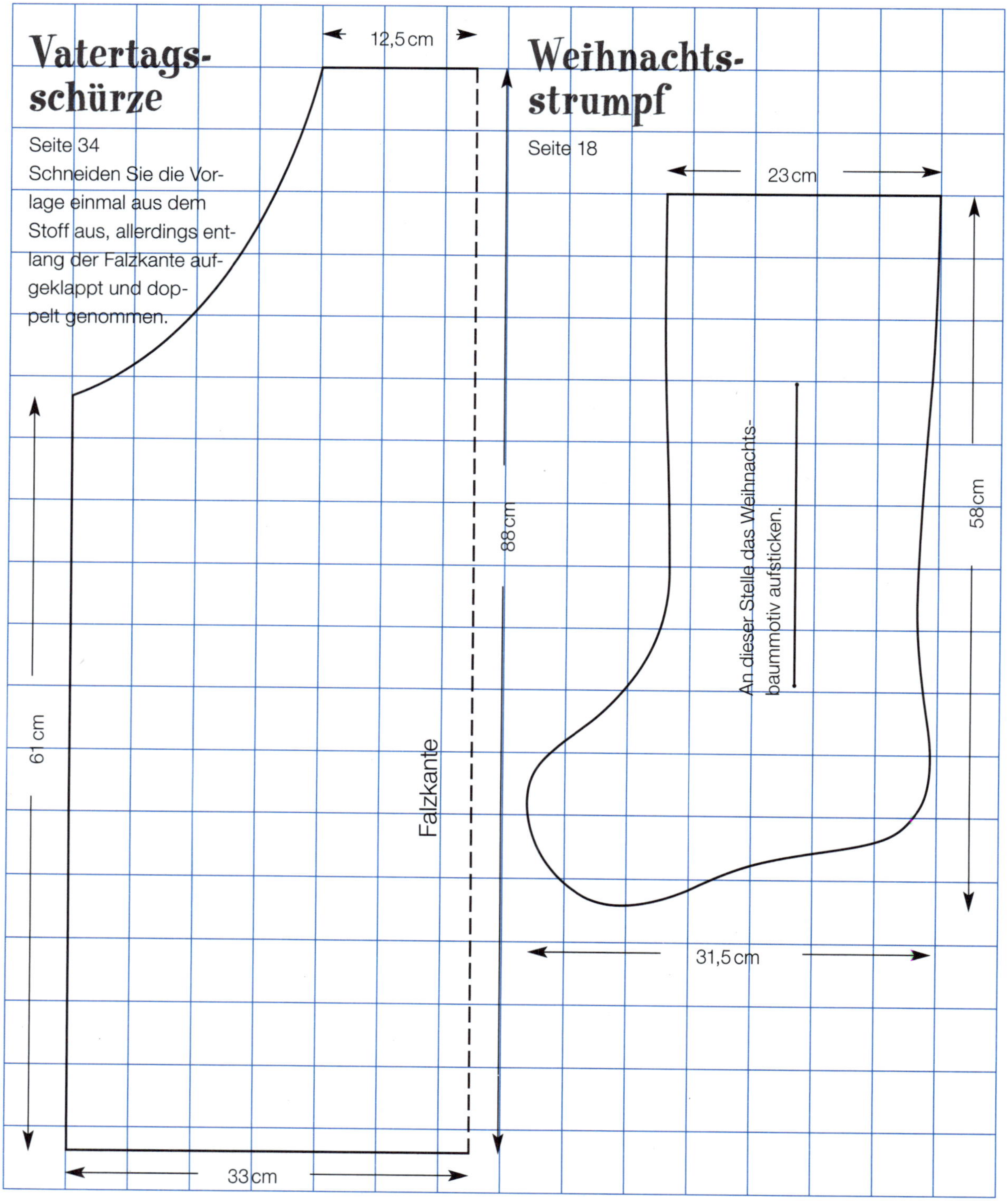

Nützliche Adressen

Basteln und kreatives Gestalten

Bastelkate Hochzeitsdeko
Moosweg 2
26135 Oldenburg
0441-204344
www.hochzeitsdeko.de
Hochzeitsartikel aller Art

Der Bastelberg
Heubnerstraße 13
09599 Freiberg
03731-163132
www.bastelberg.de
Künstlerbedarf, Bastelzubehör, Holzbuchstaben, Schablonen, 3D-Lacke, Decoupagepapiere, Bügelvliese, Bilderrahmen, Fotoalben, Füllwatte, Heißklebepistolen, Karten und Kartons, Schmucksteine, Perlen, Pompons etc.

idee Creativmarkt
Bayerstraße 3–5
80335 München
089-54541912
www.ideeshop.de
Künstlerbedarf und Bastelzubehör aller Art, u.a. Perlen, Papier, Klebestoffe, Wolle etc.

Ikea
www.ikea.com
Deko-Artikel, Körbe, Holztabletts, Textilien, Karten etc.

Klecks
Hildesheimer Straße 126
30880 Laatzen
0511-8485010
www.klecks-laatzen.de
Bastelartikel aller Art

Online-Shops

www.bastelonlineshop.de
Perlen und Pailletten, Bänder und Kordeln, Farben und Pinsel, Filz, Holzartikel, Fotoalben, Kerzenwachs, Papiere, Schablonen, Stoffe und Garne etc.
Kontakt: Mussinanstraße 67; 92318 Neumarkt

www.creativdiscount.de
Farben, Künstlerbedarf, Papiere, Stoffe, Holzrohlinge, Karten, Klebstoffe, Handarbeitszubehör
Kontakt: Service-Hotline 0180-5040160 (Filialen in Düsseldorf, Köln und Mönchengladbach)

www.eckstein-kreativ.de
Perlen und Schmuck, Kerzenwachs und Wachsplatten, Filzstoffe, Holzboxen und -tabletts, Holz- und Styroporrohlinge, Pappmaché, Bastel- und Decoupagepapiere, Bänder und Kordeln, Farben aller Art, Schablonen, Glasartikel, Garne etc.
Kontakt: Stempel Eckstein GmbH; Schwabacher Straße 48; 90762 Fürth; 0911-977467-0; Service-Hotline: 0911-977467-14

Selbstjemacht
Wichertstraße 3
10439 Berlin
030-44719720
www.selbstjemacht.de
Künstlerbedarf und Bastelzubehör aller Art, u.a. Wolle, Garne, Nadeln, Bänder und Kordeln, Kleber, Pailletten, Perlen und Schmuck, Papier und Karton, Stempel etc.

Steckenpferd
Mannheimerstraße 9
68309 Mannheim
0621-7273727
www.steckenpferd-mannheim.de
Künstlerbedarf und Bastelzubehör aller Art, u.a. Papier und Pappe, Schmuckartikel etc. Außerdem Workshops und Kurse

Stempellädle
Löwen-Markt 4
70499 Stuttgart-Weilimdorf
0711-8892033
www.stempellaedle.de
Perlen, Farben aller Art, Pinsel, Keilrahmen, Papiere und Kartons, Decoupagepapiere, Schablonen, Stempel, Klebstoffe etc.

Vowinckel Bastlerbedarf zum Selbermachen GmbH
Dotzheimer Straße 20
65185 Wiesbaden
0611-371938
&
Kleiner Hirschgraben 14
60311 Frankfurt
069-292475
www.vowinckel.de
Künstlerbedarf und Bastelzubehör aller Art, u.a. Bänder und Kordeln, Filz, Körbe, Papier, Schablonen, Glasperlen etc.

Wolle, Stoffe und Nähzubehör

Anett's Wolleladen
Hauptstraße 105
01848 Hohnstein-Ehrenberg
035975-81313
www.selavis-wollideen.de
Wolle, Handstrickgarne, handgefärbte Sockenwolle, Handarbeitszubehör

Der kleine Schneiderladen
Pariser Straße 1
81669 München
089-23549527
www.der-kleine-schneiderladen.de
Stoffe, Kurzwaren, Nähtreff

Nadel und Faden
Brählesgasse 4
70372 Stuttgart
0711-5090328
www.nadelundfaden-stuttgart.de
Stoffe, Vlies, Schablonen, Patchworkzubehör, Garne, Stickzubehör, Kurse

Nähmaschinen Center NCB GmbH Berlin
Großbeerenstraße 2–10
Haus 2
Nr. 2.14
12107 Berlin-Tempelhof
030-200767778
www.naehmaschinen-center.de
Näh- und Stickmaschinen, Sticksoftware

Online-Shops

www.naturstoff.de
Stoffe und Stoffreste, Borten und Bänder, Knöpfe
Kontakt: Anita Pavani Stoffe; Ludwig-Rinn-Straße 14–16; 35452 Heuchelheim; 0641-96282-0

www.stoffe.de
Stoffe (Meterware) und Kurzwaren
Kontakt: fabfab-fabulous fabric; Wilhelmstraße 31; 25469 Halstenbek; 04101-8548090

www.stoffe-und-kreatives.de
Kinderstoffe, Stoffpakete, Stoffreste, Filz, Applikationen, Webbänder, Knöpfe, Nähzubehör, Handstrickgarne
Kontakt: A. Müller; Tummelhalde 19; 78078 Niedereschach; 07725-917373

www.stoffmeile.de
Stoffe, Füllwatte, Zubehör und Nähgarn
Kontakt: Stoffmeile GmbH; Wilhelm-Binder-Straße 15-17; 78048 Villingen-Schwenningen
Service-Hotline 0900-1-556610

www.simplystitch.de
Handstrickgarne und Zubehör, Wolle aus Eigenproduktion, Kurzwaren, Nähgarne etc.
Kontakt: Anke Wittwer, Dietzgenstraße 88, 13156 Berlin-Niederschönhausen, 030-47489698

www.stoffe-und-naehen.de
Biobaumwolle, handgesponnene Wolle, Hanfstoffe und Leinen, Kurzwaren und Nähzubehör
Kontakt: Anja Diewald, Oberer Lindweg 43, 53129 Bonn-Dottendorf, 0228-94748703

www.wolleroedel.de
Handarbeits- und Häkelgarne, Wolle, Nähzubehör
Zahlreiche Filialen in ganz Deutschland sowie Online-Shop

www.wollmaus.com
zahlreiche Garne namhafter Hersteller
Kontakt: Steffi Lenhard, Adelbert Kühmstädt Straße 2, 99831 Creuzburg, 036926-99411

Alle Angaben ohne Gewähr

Register